JOSÉ LUIZ DOS SANTOS
PAULO SCHMIDT
LUCIANE ALVES FERNANDES

CONTABILIDADE AVANÇADA:

EQUIVALÊNCIA PATRIMONIAL

Porto Alegre, 2020

READER

S237c Santos, José Luiz dos
       Contabilidade avançada: equivalência patrimonial / José Luiz
       dos Santos; Paulo Schmidt e Luciane Alves Fernandes. – Porto
       Alegre: Reader, 2020.
       109 p.

       ISBN: 9786586780222 (impresso)
       ISBN: 9786586780284 (digital)

       1. Contabilidade avançada. 2. Avaliação de investimentos.
    3. Equivalência patrimonial. 4. Goodwill. I. Schmidt, Paulo.
    Fermandes, Luciane Alves.

                                                          CDU 657

Catalogação na fonte: Bibliotecária Josiane Fonseca da Cunha - CRB 10/1674

SUMÁRIO

1 AVALIAÇÃO DE INVESTIMENTOS PELO MÉTODO DE EQUIVALÊNCIA PATRIMONIAL

1.1 Aspectos introdutórios

A importância do método de equivalência patrimonial, cuja origem é anglo-saxônica, é ressaltada pelo fato de que ele, de acordo com Carvalhosa (1998), constitui-se em uma simplificação do processo de consolidação, onde, mediante um único registro no ativo da investidora em contrapartida de uma conta de resultado operacional, obtém-se uma posição similar de patrimônio e resultados, caso a empresa houvesse procedido à consolidação de suas demonstrações financeiras, caracterizando-se, então, uma estreita relação com o processo de consolidação das demonstrações financeiras. Por esse motivo, Williams (2000, p. 8) afirma que "o método é conhecido na língua inglesa como *one line consolidation.*"

Além disso, o processo de consolidação das demonstrações financeiras abrange uma série de registros de ajustes que somente podem ser compreensíveis a partir do conhecimento prévio da aplicação do método de equivalência patrimonial.

1.2 Participações Societárias

O principal fator que distingue as participações societárias, dos demais investimentos <u>é o seu critério de avaliação</u>, pois esses ativos, diferentemente do que ocorre com os demais investimentos os quais, de acordo com a legislação societária, devem ser avaliados pelo método de custo, **podem ser avaliados** pelo seu <u>valor justo</u>, pelo <u>método de custo</u> ou pelo <u>método de equivalência patrimonial</u>, sendo que estes estão previstos respectivamente no inciso I do art. 183, no inciso III do art. 183 e no art. 248 da Lei nº 6.404/76.

As participações em outras empresas (que são instrumentos financeiros) podem ser classificadas tanto como <u>investimentos temporários</u> no ativo circulante ou no realizável a longo prazo, quanto como <u>investimento de caráter permanente</u> no subgrupo de investimentos, dependendo do caráter de permanência ou não dos mesmos na empresa.

As participações em outras empresas classificadas como *investimentos temporários* serão avaliadas, nos termos do pronunciamento técnico CPC 48, bem como pelo inciso I do art. 183 da Lei nº 6.404/76 com redação dada pela Lei nº 11.638/07 e pela Lei nº 11.941/09, pelo seu valor justo, exceto se não existir preço de mercado cotado em um mercado ativo, ou cujo valor justo não possa ser mensurado com confiabilidade.

Nesse sentido, de acordo com o inciso I do art. 183 da Lei nº 6.404/76 com redação dada pela Lei nº 11.638/07 e pela Lei nº 11.941/09, as aplicações em instrumentos financeiros, inclusive derivativos, e em direitos e títulos de créditos, classificados no ativo circulante ou no realizável a longo prazo serão avaliados:

a) pelo seu valor justo, quando se tratar de aplicações destinadas à negociação ou disponíveis para venda;

b) pelo valor de custo de aquisição ou valor de emissão, atualizado conforme disposições legais ou contratuais, ajustado ao valor provável de realização, quando este for inferior, no caso das demais aplicações e os direitos e títulos de crédito.

Por outro lado, as participações em outras empresas classificadas como investimentos de caráter permanente, de acordo com a legislação societária, serão avaliadas pelo método de custo, enquanto que pelas normas do CPC essa participações são avaliadas pelo seu valor justo, elas somente seriam avaliadas pelo método de custo caso não fosse possível mensurar com confiabilidade o valor justo.

Nesse sentido, de acordo com o inciso III do art. 183 da Lei nº 6.404/76 - os investimentos em participação no capital social de outras sociedades, ressalvado o disposto nos artigos 248 a 250, <u>pelo custo de aquisição</u>, deduzido de provisão para perdas prováveis na realização do seu valor, quando essa perda estiver comprovada como permanente, e que não será modificado em razão do recebimento, sem custo para a companhia, de ações ou quotas bonificadas.

Por outro lado, segundo o art. 248 da Lei nº 6.404/76 alterado pela Lei nº 11.941/09, no balanço patrimonial da companhia, os investimentos em coligadas ou em controladas e em outras sociedades que façam parte de um mesmo grupo ou estejam sob controle comum serão avaliados pelo <u>método da equivalência patrimonial</u>.

Nas normas do CPC, de acordo com o item 1 da interpretação técnica ICPC 09(R2), os investimentos (participação em instrumentos patrimoniais, em geral ações ou quotas) serão classificados como:

• *investimento em controlada* (pronunciamentos técnicos CPC 36, CPC 18 e CPC 15), avaliado pelo método da equivalência patrimonial no balanço individual (mas não pelas normas do IASB, já que as normas emitidas pelo IASB não tratam das demonstrações contábeis individuais da controladora) e sujeito à consolidação de balanços, tanto nas normas brasileiras pelo CPC, quanto das normas internacionais de contabilidade; ou

• *investimento em coligada e em empreendimento controlado em conjunto* (pronunciamento técnico CPC 18), avaliado pelo método da equivalência patrimonial, tanto no balanço individual, quanto no balanço consolidado da controladora quando esta tiver, direta ou indiretamente, influência significativa ou controle conjunto sobre outra sociedade, tanto nas normas pelo CPC, quanto nas normas internacionais de contabilidade;

• *investimento em controlada, em empreendimento controlado em conjunto ou em coligada, mantido por entidades de investimento* (*investment entities*), enquadradas nos itens 27 e 28 do pronunciamento técnico CPC 36, avaliado ao valor justo por meio do resultado, tal qual um ativo financeiro;

• *investimento tratado como ativo financeiro* (pronunciamento técnico CPC 48), avaliado ao valor justo (ou ao custo quando não for possível uma mensuração confiável a valor justo), tanto no balanço individual da investidora, quanto no consolidado e nunca pela equivalência patrimonial, tanto como parte das práticas contábeis brasileiras quanto das normas internacionais de contabilidade; ou

• *investimento em coligada, em controlada ou em empreendimento controlado em conjunto apresentado em demonstração separada* (pronunciamento técnico CPC 35), avaliado ao valor justo ou ao custo, nunca pela equivalência patrimonial, tanto como parte das práticas contábeis brasileiras quanto das normas internacionais de contabilidade.

É importante destacar que, embora, o tratamento contábil de acordo com as normas pelo CPC seja convergente com aquele adotado pelas normas internacionais, há que se considerar a hierarquia das Leis em nosso ordenamento jurídico. Portanto, enquanto não for alterada a Lei das Sociedades por ações, os investimentos de caráter permanente em outras sociedades deverão ser avaliados pelo método de custo em relação as companhias fechadas. Em relação as companhias abertas, considerando-se o § 5º do art. 177 da Lei nº 6.404/76 com redação dada pela Lei nº 11.638/07, elas devem seguir as normas pelo CPC, uma vez que essas normas são referendadas pela CVM, por meio da emissão de deliberações.

Dessa forma, existem três métodos de avaliação de investimentos de caráter permanente. São eles:

• o método de custo (S/A fechadas e quando não for possível mensurar valor justo);

• o método da equivalência patrimonial;

• o método do valor justo.

No método de custo, os investimentos são avaliados, segundo o art.183, III, da Lei nº 6.404/76, ao preço de custo (valor efetivamente despendido na transação), deduzido da provisão para perdas permanentes.

Nesse sentido, considera-se como custo de aquisição o valor despendido na aquisição do investimento de caráter permanente, considerando-se todos os gastos necessários a colocar o ativo em funcionamento, a exemplo, de comissões, legalização, serviços de avaliação etc.

São avaliados pelo método de custo, de acordo com a legislação societária, todos os investimentos na forma de ações ou quotas, de caráter permanente, que não sejam em coligadas, controladas ou em empreendimentos controlados em conjunto. Portanto, de uma forma resumida, pode-se dizer que, com poucas exceções, adota-se o método de custo quando a participação em outras sociedades for inferior a 20% do capital votante daquela sociedade.

Em relação às companhias abertas e demais sociedades sujeitas as normas emitidas pelo CPC, essas participações somente serão avaliadas pelo método de custo, se não existir preço de mercado cotado em um mercado ativo, ou cujo valor justo não possa ser mensurado com confiabilidade, caso contrário serão avaliadas pelo seu valor justo.

1.3 Método de Equivalência Patrimonial

No método de equivalência patrimonial, diferentemente do que ocorre no método de custo onde o resultado é reconhecido pelo regime de caixa, o resultado e as variações ocorridas no patrimônio de uma controlada ou coligada devem ser reconhecidos no momento de sua geração, independentemente de serem ou não distribuídos, atendendo dessa maneira o princípio da competência.

No Brasil, o instituto da equivalência patrimonial surgiu com o advento da Lei nº 6.404/76, já que o ordenamento jurídico que o antecedeu, o Decreto-Lei nº 2.627/40, não continha tal previsão. Segundo a referida Lei o método de equivalência patrimonial deveria ser utilizado para os investimentos mais expressivos em termos de valores, tendo em vista esse objetivo, essa Lei criou o conceito de relevância (art. 247) e estabeleceu um percentual de participação de no mínimo 20% do capital total para que uma investida fosse avaliada por esse método, exceto em relação às participações iguais ou maiores do que 10% do capital total na qual a investidora tivesse influência na administração.

No entanto, tendo em vista a convergência para as normas internacionais, a Lei nº 11.638/07 e, posteriormente, a Lei nº 11.941/09, alteraram o *caput* do art. 248 da Lei nº 6.404/76, passando a ser avaliados pelo método de equivalência patrimonial os investimentos em coligadas, controladas, outras sociedades que façam parte de um mesmo grupo e em controladas em conjunto, conforme se verifica no art. 248:

> No balanço patrimonial da companhia, os investimentos em coligadas ou em controladas e em outras sociedades que façam parte de um mesmo grupo ou estejam sob controle comum serão avaliados pelo método da equivalência patrimonial, de acordo com as seguintes normas.

É importante destacar que a escolha do método de avaliação de investimentos não é uma decisão da administração da empresa, mas sim determinada pela Lei das Sociedades por Ações e pelo CPC, que definem de modo preciso quando se deve utilizar um ou outro método.

1.3.1 Coligação e Controle

1.3.1.1 Coligada

A definição de coligação está descrita no § 1° do art. 243 da Lei nº 6.404/76 com redação dada pela Lei nº 11.941/09: "São coligadas as sociedades nas quais a investidora tenha influência significativa".

Nesse sentido, de acordo com o § 4º do art. 243 da Lei nº 6.404/76 com redação dada pela Lei nº 11.941/09, "Considera-se que há influência significativa quando a investidora detém ou exerce o poder de participar nas decisões das políticas financeira ou operacional da investida, sem controlá-la".

Essa influência significativa, conforme dispõe o § 5º do art. 243 da Lei nº 6.404/76 com redação dada pela Lei nº 11.941/09, "é presumida quando a investidora for titular de 20% ou mais do capital votante da investida, sem controlá-la".

Cabe destacar que a Lei nº 6.404/76 não faz referência sobre as participações indiretas, ou seja, as empresas são coligadas somente por participações diretas.

A definição de coligada segundo o CPC é similar à da legislação societária e está descrita no item 3 do pronunciamento técnico CPC 18(R2), o qual dispõe que coligada é a entidade sobre a qual o investidor tem influência significativa. Além disso, o item 5 do pronunciamento técnico CPC 18(R2), dispõe que caso o investidor mantenha direta ou indiretamente (por exemplo, por meio de controladas), vinte por cento (20%) ou mais do poder de voto da investida, presume-se que ele tenha influência significativa, a menos que possa ser claramente demonstrado o contrário.

Dessa forma, em relação ao conceito de sociedades equiparadas às coligadas, disposto no parágrafo único do art. 2º da instrução normativa CVM nº 247/96, para as quais se estendiam todos os dispositivos aplicáveis às coligadas, tendo em vista que o item 5 do pronunciamento técnico CPC 18(R2), dispõe que se o investidor detém menos de 20% do capital votante da investida, presume-se que ele não tenha influência significativa, a menos que essa influência possa ser claramente demonstrada, portanto, esse dispositivo que trata da equiparação a coligadas perdeu a sua eficácia e deverá ser revogado, quando da revisão ou revogação da instrução CVM nº 247/96.

Além disso, pode-se verificar nesta definição que, da mesma forma que o conceito adotado internacionalmente, é utilizado o capital votante, e não mais o capital total em nosso ordenamento jurídico.

Cabe destacar ainda que a Lei n.º 6.404/76 não faz referência às participações indiretas; consequentemente, de acordo com a legislação societária as empresas são coligadas somente por participações diretas. Por outro lado, nas normas pelo CPC, de acordo com o item 5 do pronunciamento técnico CPC 18(R2) a coligação pode ser indireta por meio de uma controlada.

1.3.2 Definição de controlada

A definição de controlada, segundo a legislação societária, está descrita no § 2º do art. 243 da Lei nº 6.404/76, o qual estabelece que é controlada a sociedade na qual a controladora, diretamente ou por meio de outras controladas, é titular de direitos de sócio que lhe assegurem, de modo permanente, preponderância nas deliberações sociais e o poder de eleger a maioria dos administradores.

Essa preponderância nas deliberações sociais e o poder de eleger a maioria dos administradores ocorrem normalmente e com segurança, quando a investidora possui o controle acionário representado por mais de 50% do capital votante.

Diferentemente do que ocorre no caso de coligação, que de acordo com a legislação societária não pode ser indireta, em relação ao controle a referência é expressa na própria Lei nº 6.404/76, conforme evidenciado no § 2º do art. 243, consequentemente, o controle pode ser direto ou indireto por meio de outras controladas.

Percebe-se também, que o texto legal destaca a supremacia do conceito de controle sobre o de propriedade, já que a empresa que possui o controle acionário determinará na assembleia geral da investida os rumos do negócio.

Dessa forma, na hipótese da companhia Delta deter 40% do capital total de Ômega e esse percentual representar 60% do capital votante, prevalece o fato de que a primeira controla a última, ou seja, embora possua apenas um percentual de participação de 40% no capital total, essa investida não se enquadra na definição de coligada, pois o § 1º do art. 243, cita a expressão "... sem controlá-la" e nesse caso existe o controle. Essa situação pode ser exemplificada por meio da Figura 1.

Total de ações do capital de Ômega (controlada)		**3.000**
Ações ordinárias com direito a voto		1.000
Ações preferenciais sem direito a voto		2.000
Nº de ações de propriedade de Delta (controladora)	40% CT	**1.200**
Ações ordinárias com direito a voto	60% CV	600
Ações preferenciais sem direito a voto		600

Figura 1: Coligação x Controle: Supremacia do Controle Acionário

Além disso, segundo Carvalhosa (1998), a definição de controlada inclui além das sociedades anônimas, as sociedades por quotas de responsabilidade limitada, as em nome coletivo, ou ainda qualquer outra espécie de sociedade, esse mesmo procedimento se aplica à coligação.

Já a definição de controlada segundo o CPC está descrita no apêndice A do pronunciamento técnico CPC 36(R3), segundo o qual controlada é a entidade que é controlada por outra entidade. Nesse sentido, um investidor controla a investida quando está exposto a, ou tem direitos sobre, retornos variáveis decorrentes de seu envolvimento com a investida e tem a capacidade de afetar esses retornos por meio de seu poder sobre a investida.

Ademais, diferentemente da legislação societária, segundo o item 7 do pronunciamento técnico CPC 18(R2), os potenciais direitos de voto devem ser considerados na avaliação de a entidade possuir ou não influência significativa ou controle.

O controle acionário pode ser direto ou indireto, ou seja, por meio de outras controladas. É importante destacar que o conceito adotado tanto pela Lei das Sociedades por Ações quanto pelo CPC é o de controle e não o de propriedade.

Quando a investidora possui a totalidade das ações da investida, essa controlada é denominada por subsidiária integral, que é uma espécie *sui genere* de sociedade, pois a mesma possui um único acionista, conforme dispõe o art. 251 da Lei nº 6.404/76, a Figura 2 apresenta um exemplo do controle direto de uma subsidiária integral.

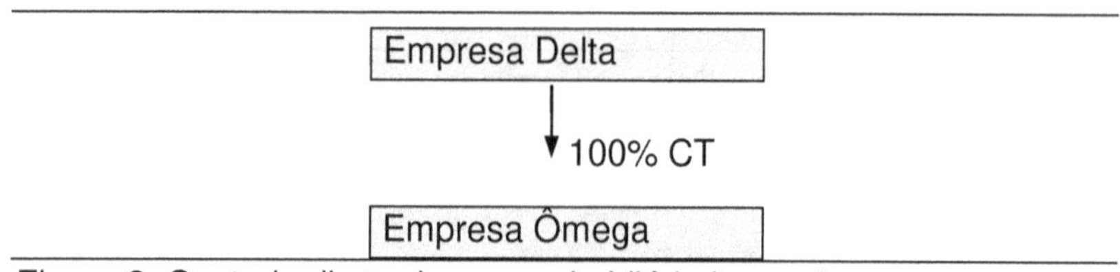

Figura 2: Controle direto de uma subsidiária integral

Já a Figura 3 apresenta um exemplo de controle direto na qual a controladora Delta possui 70% das ações com direito a voto da controlada Ômega.

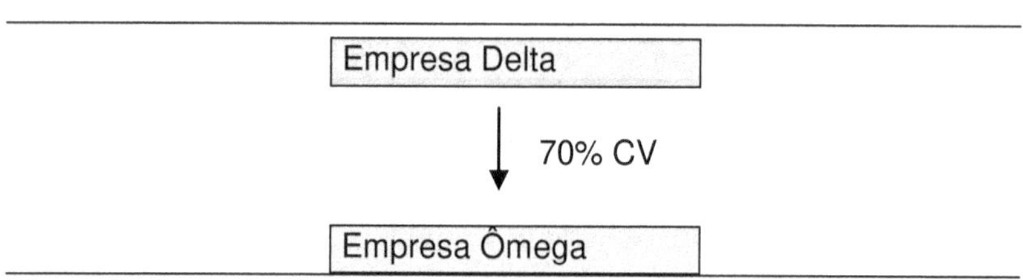

Figura 3: Controle direto de uma controlada

Todavia, o controle também pode ser indireto, ou seja, exercido por meio de outra sociedade controlada, conforme o apresentado na Figura 4, onde a controladora Delta exerce o controle da empresa Sigma indiretamente por meio da sua controlada Ômega.

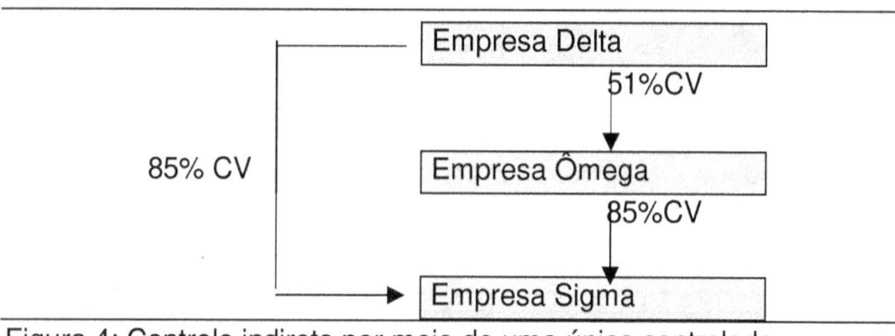

Figura 4: Controle indireto por meio de uma única controlada

Em relação ao exemplo apresentado na Figura 4, observa-se que embora a investidora Delta possua a propriedade de apenas 43,35% (51% de 85%) das ações da empresa Sigma, em termos de controle, a investidora Delta possui 85% das ações, pois nas deliberações que serão realizadas na assembleia geral da empresa

Sigma, a investidora Delta, por ter a maioria das ações de Ômega, irá determinar os procedimentos e, consequentemente, as decisões que a sua controlada Ômega executará nessa assembleia.

Outro aspecto importante que deve ser enfatizado é que o controle indireto só ocorre por meio de outra controlada e não por meio de uma coligada, conforme o exemplo apresentado na Figura 5.

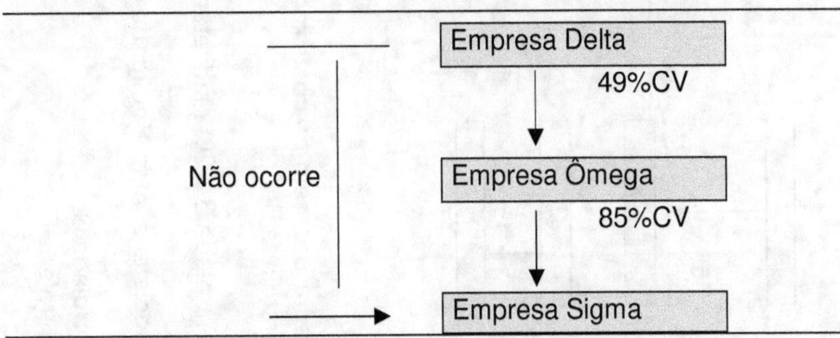

Figura 5: Controle indireto somente ocorre por meio de uma controlada

Em relação ao exemplo apresentado na Figura 5, observa-se que embora a investidora Delta possua 49% das ações com direito a voto da empresa Sigma, em termos de controle, a investidora Delta não possui o poder de decisão sobre as deliberações que serão realizadas na assembleia geral da empresa Ômega, pois os 51% restante das ações com direito a voto é que decidirão os rumos dos negócios da empresa Ômega, justamente por isso é que o controle só pode ser exercido por meio de outra controlada. Podem existir na prática inúmeras formas de concentração empresariais; a Figura 6 apresenta um exemplo de concentração empresarial, onde existem apenas ações com direito a voto, tendo em vista a fixação dos conceitos apresentados.

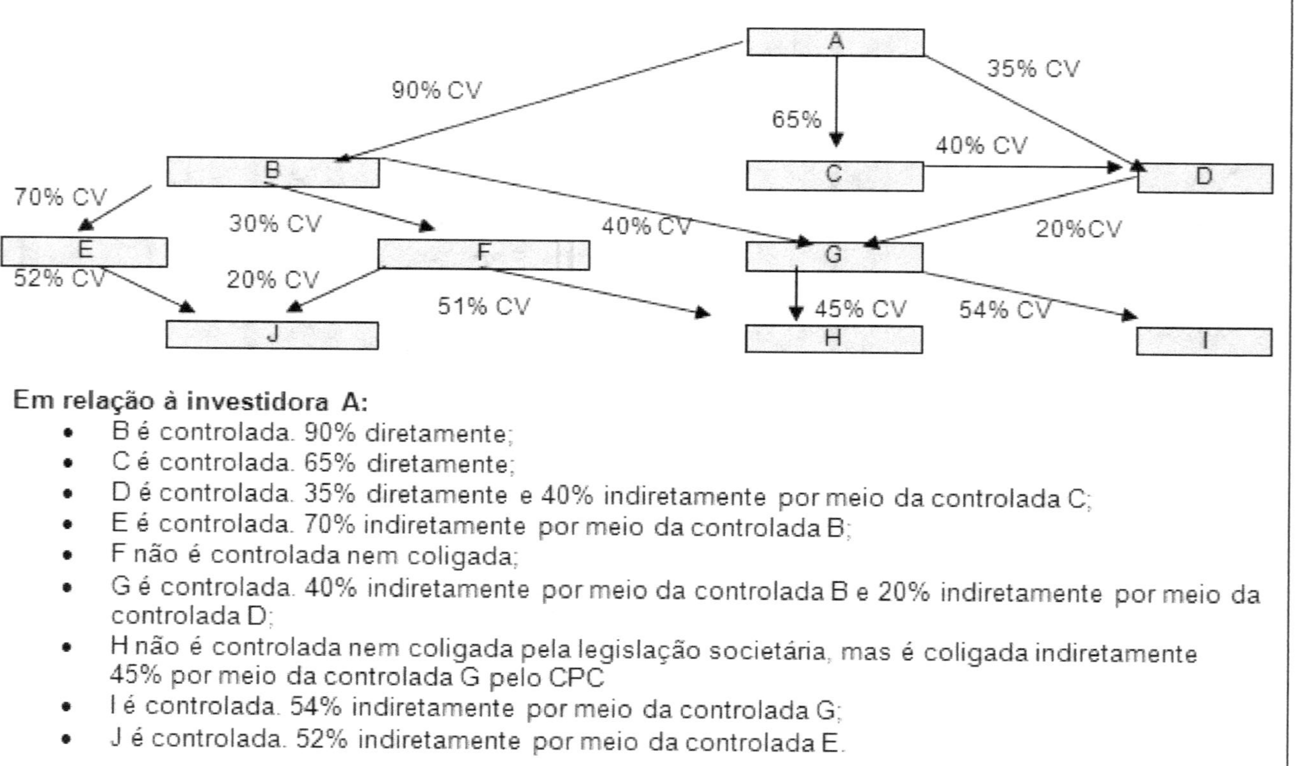

Em relação à investidora A:

- B é controlada. 90% diretamente;
- C é controlada. 65% diretamente;
- D é controlada. 35% diretamente e 40% indiretamente por meio da controlada C;
- E é controlada. 70% indiretamente por meio da controlada B;
- F não é controlada nem coligada;
- G é controlada. 40% indiretamente por meio da controlada B e 20% indiretamente por meio da controlada D;
- H não é controlada nem coligada pela legislação societária, mas é coligada indiretamente 45% por meio da controlada G pelo CPC
- I é controlada. 54% indiretamente por meio da controlada G;
- J é controlada. 52% indiretamente por meio da controlada E.

Figura 6: Controle em estruturas societárias complexas com 10 entidades

13

Ao analisar os exemplos apresentados na Figura 6, verifica-se o grau de complexidade que envolve a definição do conceito de coligação e controle e, consequentemente, a identificação dos investimentos que deverão ser avaliados pelo método de equivalência patrimonial, bem como das entidades que deverão consolidar suas demonstrações contábeis. Diante dos conceitos abordados, apresenta-se graficamente as definições de coligação e controle, segundo a legislação societária, por meio da Figura 7.

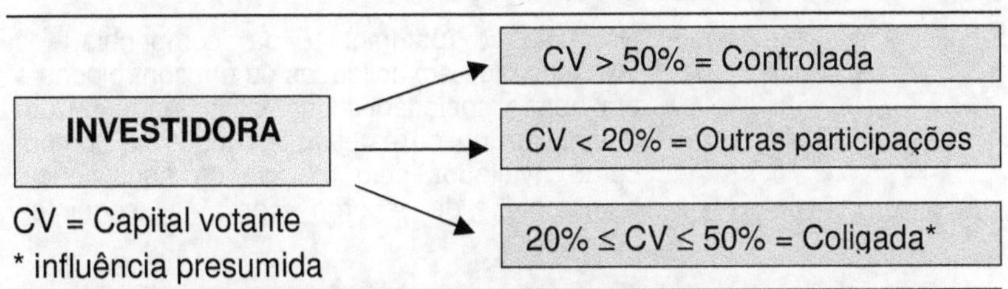

Figura 7: Coligação e controle segundo a legislação societária e CPC

Portanto, a partir do pronunciamento técnico CPC 18, as definições de coligadas e controladas passam a ser a mesma tanto pelo CPC, quanto pela legislação societária.

No entanto, há que se considerar que o CPC considera os potenciais direitos de voto na determinação da influência significativa e do controle, enquanto que a legislação societária não os leva em consideração. Além disso, nas normas pelo CPC existe a coligação indireta por meio de uma controlada, enquanto que na legislação societária a coligação somente é direta.

1.3.3 Determinação de investimentos avaliados pelo método de equivalência patrimonial

A partir da Lei nº 11.941/09, no Brasil, da mesma forma que nas normas internacionais e norte-americanas, conforme será evidenciado a seguir, na determinação do método da equivalência patrimonial, utiliza-se a seguinte regra: o método se aplica a todas as controladas, coligadas, sociedades que façam parte de um mesmo grupo ou estejam sob controle comum. Esse mesmo tratamento contábil também é adotado pela CVM desde o advento da instrução CVM nº 469/08.

1.3.3.1 Determinação do método de equivalência patrimonial pela legislação societária

Os investimentos não circulantes que devem ser avaliados pelo método da equivalência patrimonial estão descritos no art. 248 da Lei nº 6.404/76 alterada pela Lei nº 11.941/09 que modificou a definição de que empresas devem ser avaliadas pelo método de equivalência patrimonial ao modificar a redação do art. 248, o qual estabelece que:

> No balanço patrimonial da companhia, os investimentos em coligadas ou em controladas e em outras sociedades que façam parte de um mesmo grupo ou estejam sob controle comum serão avaliados pelo método da equivalência patrimonial, de acordo com as seguintes normas.

Dessa forma, verifica-se que a Lei nº 11.638/07 introduziu mudanças significativas, ao eliminar a utilização do conceito de relevância (parágrafo único do art. 247), também não utilizado nas normas internacionais, bem como a utilização do percentual de 20% do capital votante na determinação dos investimentos que deverão ser avaliados pelo método de equivalência patrimonial, abandonando o conceito de capital total, convergindo efetivamente para o tratamento contábil adotado internacionalmente.

A utilização desse percentual de 20% do capital votante se deu com a alteração do conceito de coligada, por meio da alteração do § 1º do art. 243 da Lei nº 6.404/76 pela Lei nº 11.941/09, o qual determina que são coligadas as sociedades na qual a investidora tenha influência significativa.

Nesse sentido, conforme dispõe o § 4º do art. 243 da Lei nº 6.404/76 alterado pela Lei nº 11.941/09, considera-se que há influência significativa quando a investidora detém ou exerce o poder de participar das decisões das políticas financeiras ou operacional da investida, sem controlá-la.

Além disso, segundo o § 5º do art. 243 da Lei nº 6.404/76 alterado pela Lei nº 11.941/09, é presumida influência significativa quando a investidora for titular de 20% ou mais do capital votante da investida, sem controlá-la.

Tendo em vista essas alterações, devem ser avaliados pelo método de equivalência patrimonial, segundo a legislação societária, os investimentos em:

- controladas;
- coligadas;
- sociedades que façam parte de um mesmo grupo;
- sociedades que estejam sobre controle comum.

É importante destacar que, nas normas brasileiras, a partir da nova redação dada pela Lei nº 11.638/07 e pela Lei nº 11.941/09, quando uma entidade possui 20% ou mais do capital votante de outra entidade é presumida a existência de influência significativa, da mesma forma que ocorre nas normas internacionais e norte-americanas em que essa presunção também se dá em relação às ações votantes e nesse mesmo percentual. Anteriormente, com base na Lei nº 6404/76, o critério utilizado era o do capital total e não o capital votante.

Supondo-se que a investidora Alfa adquira participações nas investidas Delta, Ômega e Sigma apresentadas na Figura 8, e que não exista influência significativa na administração das investidas e que existam apenas ações ordinárias.

Investida	Percentual participação	Valor pago	Valor patrimonial	Ágio ou deságio
Delta	51%	1.300	1.300	0
Ômega	18%	400	400	0
Sigma	36%	1.000	1.000	0
Total		**2.700**	**2.700**	**0**

Figura 8: Participações adquiridas segundo a legislação societária

Baseado nas informações anteriores, conclui-se que:

- Delta é avaliada pelo método de equivalência patrimonial, porque o investimento é em uma controlada;
- Ômega é avaliada pelo método de custo, porque a participação na investida é menor do que 20% e não existe influência significativa na administração;
- Sigma é avaliada pelo método de equivalência patrimonial, porque o investimento é em uma coligada.

Ainda em relação a essa hipótese, caso houvesse influencia significativa na administração das coligadas, Delta e Sigma continuariam a ser avaliadas pelo método de equivalência patrimonial; porém, Ômega deixaria de ser avaliada pelo método de custo e passaria a ser avaliada pelo método de equivalência patrimonial, pois embora seja uma investida inferior a 20% de participação existe influência significativa na sua administração, tornando-se, portanto, uma coligada.

1.3.3.2 Determinação do método da Equivalência Patrimonial segundo o CPC

De acordo com o item 5 do pronunciamento contábil CPC 18(R2), caso o investidor mantenha direta ou indiretamente (por exemplo, por meio de controladas), vinte por cento ou mais do poder de voto da investida, presume-se que ele tenha influência significativa, a menos que possa ser claramente demonstrado o contrário.

Por outro lado, de acordo com o item 5 do pronunciamento técnico CPC 18(R2), caso o investidor detenha menos de 20% do capital votante da investida, presume-se que ele não tenha influência significativa, a menos que essa influência possa ser claramente demonstrada.

Ademais, o item 5 do pronunciamento técnico CPC 18(R2) criou a figura da coligação indireta por meio de controladas, para verificação do percentual de presunção da influência significativa de 20% do capital votante.

Além do mais, o item 6 do pronunciamento técnico CPC 18(R2), dispõe que serão considerados exemplos de evidências de influência significativa na administração da coligada:

(a) representação no conselho de administração ou na diretoria da investida;

(b) participação nos processos de elaboração de políticas, inclusive em decisões sobre dividendos e outras distribuições;

(c) operações materiais entre o investidor e a investida;

(d) intercâmbio de diretores ou gerentes; ou

(e) fornecimento de informação técnica essencial.

Adicionalmente, a exemplo das normas internacionais, o item 7 do pronunciamento técnico CPC 18(R2), incorporou às normas brasileiras a necessidade de se considerar na análise da influência significativa e do controle, os potenciais direitos de voto.

Consideram-se potenciais direitos de voto qualquer valor mobiliário conversível em ações ordinárias ou outros instrumentos semelhantes com potencial de, caso executados ou convertidos, conferir à entidade poder de voto adicional ou reduzir o poder de voto de outra parte sobre as políticas financeiras e operacionais da investida, tais como:

- direitos de subscrição de ações ordinárias;
- *warrants* de compras de ações ordinárias;
- opções de compra de ações ordinárias;
- instrumentos de dívida ou patrimoniais conversíveis em ações ordinárias.

Segundo o item 7 do pronunciamento técnico CPC 18(R2), a existência e a efetivação dos potenciais direitos de voto prontamente exercíveis ou conversíveis, incluindo os potenciais direitos de voto detidos por outras entidades, são consideradas na avaliação de a entidade possuir ou não influência significativa ou controle.

Nesse sentido, considera-se que os potenciais direitos de voto não são prontamente exercíveis ou conversíveis quando, por exemplo, não podem ser exercidos ou convertidos até uma data futura ou até a ocorrência de evento futuro.

Ao avaliar se os potenciais direitos de voto contribuem para a influência significativa ou para o controle, segundo o item 8 do pronunciamento técnico CPC 18(R2), a entidade deve examinar todos os fatos e circunstâncias (inclusive os termos do exercício dos potenciais direitos de voto e quaisquer outros acordos contratuais considerados individualmente ou em conjunto) que possam afetar os direitos potenciais. No entanto, não deve ser considerada a intenção da administração e a capacidade financeira em exercê-los ou convertê-los.

Além disso, de acordo com o item 9 do pronunciamento técnico CPC 18(R2), a entidade perde a influência significativa sobre a investida quando ela perde o poder de participar nas decisões sobre as políticas financeiras e operacionais daquela investida.

A perda da influência significativa pode ocorrer com ou sem uma mudança no nível de participação acionária absoluta ou relativa. Isso pode ocorrer, por exemplo, quando uma coligada se torna sujeita ao controle de governo, tribunal, órgão administrador ou entidade reguladora. Isso pode ocorrer também como resultado de acordo contratual.

Assim, resumidamente, da mesma forma que em relação a legislação societária, deverão ser avaliadas pelo método da equivalência patrimonial, segundo o CPC:

- os investimentos em controladas;

- os investimentos em coligadas;

- os investimentos em outras sociedades que façam parte de um mesmo grupo;

- os investimentos em outras sociedades que estejam sob controle comum.

Dessa forma, observa-se que o CPC também criou, no item 5 do pronunciamento técnico CPC 18(R2), a figura da coligação indireta por meio de controladas, para a verificação do percentual de presunção da influência significativa de 20% do capital votante.

Além disso, da mesma forma que na legislação societária, foi inserido o inciso III no art. 5º por meio da instrução CVM nº 469/08, o qual determinou a necessidade de se avaliar pelo método da equivalência patrimonial o investimento em outras sociedades que façam parte de um mesmo grupo ou estejam sob controle comum.

Nesse sentido, de acordo com a nota explicativa da instrução CVM nº 469/08 a dimensão econômica da entidade é delimitada como o conjunto de entes, ainda que juridicamente distintos que estejam em um mesmo grupo ou que seu controle seja exercido por um mesmo ente ou conjunto de entes. Esse conceito pode ser melhor compreendido por meio do exemplo apresentado na Figura 9.

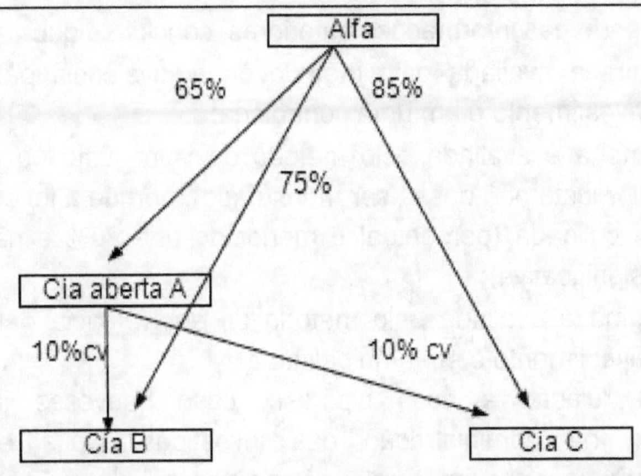

Figura 9: Exemplo de investimentos pertencentes a um mesmo grupo

Em relação à Figura 9, verifica-se que a companhia Alfa controla as companhias A, B e C, adicionalmente, a companhia aberta A participa com 10% do capital votante das companhias B e C. Assim, a companhia A deverá avaliar seus investimentos em B e C pelo método de equivalência patrimonial por pertencerem a um mesmo grupo.

A seguir é apresentado exemplo de estrutura patrimonial na qual são determinados os métodos de avaliação de investimento a serem utilizados, de acordo com o CPC.

Supondo-se que a investidora Alfa adquira participações nas investidas Delta, Ômega e Sigma apresentadas na Figura 10, sendo que não exista influência significativa na administração das investidas e que existam apenas ações ordinárias.

Investida	Percentual participação	Valor pago	Valor patrimonial	Ágio ou deságio
Delta	51%	1.300	1.300	0
Ômega	18%	400	400	0
Sigma	36%	1.000	1.000	0
Total		**2.700**	**2.700**	**0**

Figura 10: Participações adquiridas segundo o CPC

Baseado nas informações anteriores, conclui-se que:

• Delta é avaliada pelo método de equivalência patrimonial, porque o investimento é em uma controlada;

• Ômega é avaliada pelo método do valor justo ou de custo (caso o valor justo não possa ser mensurado), porque a investida não é em uma coligada (percentual é menor do que 20% e não existe influência significativa);

• Sigma é avaliada pelo método de equivalência patrimonial, porque o investimento é em uma coligada.

Ainda em relação a essa hipótese, caso houvesse influência significativa na administração das investidas, Delta e Sigma continuariam a ser avaliadas pelo método de equivalência patrimonial, porém, Ômega deixaria de ser avaliada pelo método do valor justo ou de custo e passaria a ser avaliada pelo método de equivalência patrimonial, já que a participação seria em uma coligada, uma vez que, nessa hipótese, existiria influência significativa na administração da investida.

1.3.4 Cálculo e Registro da Equivalência Patrimonial

1.3.4.1 Cálculo da equivalência patrimonial segundo a legislação societária

As regras a serem aplicadas na utilização do método de equivalência patrimonial, de acordo com a legislação societária, estão descritas no art. 248, que estabelece como base de cálculo o patrimônio líquido e não a equivalência patrimonial, um conceito mais abrangente, pois engloba toda e qualquer operação que modifique o patrimônio líquido da investida, tais como distribuição de dividendos, reservas de capital, reservas de reavaliação etc.

De acordo com a legislação societária, uma vez identificados os investimentos que devem ser avaliados pelo método de equivalência patrimonial, serão efetuados a equivalência patrimonial dos investimentos mediante os seguintes procedimentos:

a)	apura-se o valor dos investimentos após a equivalência patrimonial, multiplicando-se o patrimônio líquido da empresa investida pelo percentual de participação no capital da mesma, pela investidora;

b) o valor da equivalência patrimonial será obtido pela diferença entre o valor equivalido (item a) e o saldo do investimento na razão contábil.

O resultado obtido por intermédio do cálculo apresentado anteriormente, de acordo com o inciso III do art. 248 da Lei nº 6.404/76, somente será registrada como resultado do exercício se:

• decorrer de lucro ou prejuízo apurado na coligada ou controlada;

• corresponder, comprovadamente, a ganhos ou perdas efetivos;

• no caso de companhia aberta, com observância das normas expedidas pela Comissão de Valores Mobiliários.

Em relação ao patrimônio líquido da investida, deve ser utilizado o da mesma data da investidora, ou até sessenta dias, no máximo, antes da data de encerramento das demonstrações financeiras da investidora.

Esses cálculos podem ser evidenciados a partir do exemplo apresentado a seguir, na qual a investidora Alfa possui três investimentos avaliados pelo método de equivalência patrimonial, cujos patrimônios líquidos, de acordo com as demonstrações contábeis publicadas por essas empresas, são de $ 28.200 em Delta, $ 48.000 em Ômega e $ 12.000 em Sigma; os percentuais de participação no capital total são respectivamente 20%, 25% e 60%, conforme o apresentado na Figura 11.

Empresa	Patrimônio Líquido	% Participação Capital total	Categoria	Valor após Equivalência	Valor contábil investimento	Valor equivalência
Delta	28.200	20%	Coligada	5.640	2.500	3.140
Ômega	48.000	25%	Coligada	12.000	8.150	3.850
Sigma	12.000	60%	Controlada	7.200	8.900	(1.700)
					TOTAL	5.290

Figura 11: Cálculo da equivalência patrimonial segundo a legislação societária

Em relação à Figura 11, os valores dos investimentos após a equivalência patrimonial foram calculados de acordo com o apresentado na Figura 12.

<u>**Delta:**</u>
Valor do investimento após a equivalência patrimonial = 28.200 x 20% = 5.640
<u>**Ômega:**</u>
Valor do investimento após a equivalência patrimonial = 48.000 x 25% = 12.000
<u>**Sigma:**</u>
Valor do investimento após a equivalência patrimonial = 12.000 x 60% = 7.200

Figura 12: Cálculo do valor do investimento após a equivalência patrimonial

Já o valor da equivalência patrimonial é obtido pela diferença entre o valor do investimento após a equivalência patrimonial e o valor contábil do investimento conforme o apresentado na Figura 13.

<u>**Delta:**</u>	
Valor da equivalência patrimonial	= 5.640 -2.500 = 3.140
<u>**Ômega:**</u>	
Valor da equivalência patrimonial	= 12.000 – 8.150 = 3.850
<u>**Sigma:**</u>	
Valor da equivalência patrimonial	= 7.200 – 8.900 = <u>(1.700)</u>
Total:	**5.290**

Figura 13: Cálculo do valor da equivalência patrimonial

Uma observação importante que se faz é a de que do patrimônio líquido da investida a ser equivalida devem ser ajustados dos resultados não realizados decorrentes de negócios da investida com a investidora, ou com outras sociedades coligadas à investidora, ou por ela controladas, ou seja, antes do cálculo da equivalência patrimonial, devem-se retirar do patrimônio líquido da investida, resultados (lucro ou prejuízo) não realizados com a investidora ou outras empresas do mesmo grupo, ou seja, o resultado não realizado é eliminado proporcionalmente.

Em linhas gerais, pode-se afirmar que o objetivo precípuo do método de equivalência patrimonial é o de transferir para a controladora o resultado do período da coligada ou controlada que está sendo avaliada com base nesse método, o que não implica em dizer que o valor da equivalência patrimonial refere-se somente ao resultado do exercício, mas sim que essa situação ocorre em grande parte dos casos na prática.

O registro contábil da equivalência patrimonial, em relação ao exemplo apresentado na Figura 11, é o apresentado na Figura 14.

Investimento em Delta		Investimento em Ömega		Investimento em Sigma		Resultado de Equivalência Patrimonial	
(SI) 2.500		(SI) 8.150		(SI) 8.900	1.700(EP)	1.700	3.140
(EP) 3.140		(EP) 3.850					3.850
	5.640		12.000		7.200		5.290

Figura 14: Registros contábeis da equivalência patrimonial

1.3.4.2 Cálculo da equivalência patrimonial segundo o CPC

O cálculo da equivalência patrimonial pelo CPC é similar ao da legislação societária, exceto em relação aos lucros não realizados e aos outros resultados abrangentes.

Atualmente, de acordo com o item 10 do pronunciamento técnico CPC 18(R2), no método de equivalência patrimonial, um investimento em coligada, em empreendimento controlado em conjunto e em controlada (no balanço patrimonial individual) é inicialmente reconhecido pelo custo e o seu valor contábil será aumentado ou diminuído pelo reconhecimento da participação do investidor nos lucros ou prejuízos do período, gerados pela investida após a aquisição.

A participação do investidor no lucro ou prejuízo do período da investida é reconhecida no lucro ou prejuízo do período do investidor. Esse resultado de equivalência patrimonial segundo o item 82 do pronunciamento técnico CPC 26(R1) é evidenciado separadamente na demonstração do resultado do período.

Assim, observa-se que, a exemplo das normas internacionais e norte-americanas, o resultado de equivalência patrimonial deixa de ser calculado e registrado diretamente com base no patrimônio líquido ajustado dos resultados não realizados e passa a ser calculado com base no resultado líquido do período, consequentemente, os efeitos referentes aos lucros não realizados, tributos diferidos etc., são registrados separadamente no resultado de equivalência patrimonial.

No entanto, é importante destacar que essa mudança de metodologia de cálculo não modifica o valor do resultado de equivalência patrimonial, ou seja, o resultado de equivalência patrimonial, calculado com base no patrimônio líquido ajustado é o mesmo daquele calculado com base no resultado líquido ajustado.

Em relação aos potenciais direitos de voto, o item 12 do pronunciamento técnico CPC 18(R2), deixa claro que se existirem potenciais direitos de votos os mesmos não são considerados no cálculo da equivalência patrimonial, apenas são utilizados na determinação do controle e da influência significativa.

Exceto em relação às diferenças apresentadas anteriormente, que serão objeto de estudo no item seguinte, o cálculo da equivalência patrimonial pelo CPC é similar ao aplicado segundo a legislação societária, consequentemente, se não houverem resultados não realizados da investida com a investidora ou com outras coligadas ou controladas do grupo, o resultado de equivalência patrimonial será o mesmo nos dois métodos. O mesmo ocorre em relação aos registros contábeis que serão os mesmos independentemente do método utilizado.

Outro aspecto que deve ser ressaltado é o de que o CPC no item 17 do pronunciamento técnico CPC 18(R2) especifica os casos em que um investimento em coligada, empreendimento controlado em conjunto ou controlada não deve ser avaliado pelo método de equivalência patrimonial, desde que permitido legalmente, se a entidade for uma controladora e estiver dispensada de elaborar demonstrações consolidadas por seu enquadramento na exceção de alcance do item 4 (a) do CPC 36, ou se todos os seguintes itens forem observados:

(a) a entidade é controlada (integral ou parcial) de outra entidade, a qual, em conjunto com os demais acionistas ou sócios, incluindo aqueles sem direito a voto, foram informados a respeito e não fizeram objeção quanto à não aplicação do método da equivalência patrimonial;

(b) os instrumentos de dívida ou patrimoniais da entidade não são negociados publicamente (bolsas de valores domésticas ou estrangeiras ou mercado de balcão, incluindo mercados locais e regionais);

(c) a entidade não arquivou e não está em processo de arquivamento de suas demonstrações contábeis na Comissão de Valores Mobiliários (CVM) ou outro órgão regulador, visando à emissão e/ou distribuição pública de qualquer tipo ou classe de instrumentos no mercado de capitais; e

(d) a controladora final ou qualquer controladora intermediária da entidade disponibiliza ao público suas demonstrações contábeis consolidadas, elaboradas em conformidade com os Pronunciamentos, Interpretações e Orientações do CPC.

Quando o investimento em coligada e em controlada, ou em empreendimento controlado em conjunto, for mantido direta ou indiretamente por uma entidade que seja uma organização de capital de risco, nos termos do item 18 do pronunciamento técnico CPC 18(R2), essa entidade pode adotar a mensuração ao valor justo por meio do resultado para esses investimentos, em consonância com o pronunciamento técnico CPC 38.

Além disso, de acordo com o item 19 do pronunciamento técnico CPC 18 (R2), quando a entidade possuir investimento em coligada ou em controlada, ou em empreendimento controlado em conjunto, cuja parcela da participação seja detida indiretamente por meio de organização de capital de risco, a entidade pode adotar a mensuração ao valor justo por meio do resultado para essa parcela da participação no investimento, em consonância com o pronunciamento técnico CPC 38, independentemente de a organização de capital de risco exercer influência significativa sobre essa parcela da participação.

Caso a entidade fizer essa escolha contábil, deve adotar o método da equivalência patrimonial para a parcela remanescente da participação que detiver no investimento em coligada ou em controlada, ou em empreendimento controlado em conjunto que não seja detida indiretamente por meio de uma organização de capital de risco.

Com relação ao resultado da equivalência patrimonial o CPC especifica, no item 82 do pronunciamento técnico CPC 26(R1), que o mesmo será evidenciado separadamente na demonstração do resultado do período antes do item resultado antes das despesas e receitas financeiras.

Da mesma forma que em relação à legislação societária, segundo o item 33 do pronunciamento técnico CPC 18(R2), deve ser utilizada a demonstração contábil mais recente da coligada e da controlada ou do empreendimento controlado em conjunto para aplicar o método de equivalência patrimonial. Quando o término do exercício social do investidor for diferente daquele da investida, a investida deve elaborar, para utilização por parte do investidor, demonstrações contábeis na mesma data das demonstrações do investidor, a menos que isso seja impraticável.

No entanto, quando as demonstrações contábeis da investida utilizadas para aplicação do método de equivalência patrimonial forem de data diferente daquelas do investidor, nos termos do item 34 do pronunciamento técnico CPC 18(R2), ajustes pertinentes devem ser feitos em decorrência dos efeitos de eventos e transações relevantes que ocorrerem entre aquela data e a data das demonstrações contábeis do investidor.

Independentemente disso, a defasagem máxima entre as datas de encerramento das demonstrações da investida e do investidor não deve ser superior a dois meses. A duração dos períodos abrangidos nas demonstrações contábeis e alguma diferença entre as respectivas datas de encerramento deve ser igual de um período para outro.

1.3.5 Resultados não realizados

1.3.5.1 Resultados não realizados segundo a legislação societária

Conforme citado anteriormente, a Lei nº 6.404/76 no seu art. 248, inciso I, cita que no valor do patrimônio líquido não serão computados "os resultados não realizados decorrentes de negócios com a companhia, ou com outras sociedades coligadas à companhia, ou por ela controladas". Todavia, a lei omitiu a definição desses resultados não realizados.

Considera-se, sob o prisma contábil, resultado não realizado as operações realizadas entre empresas sob o mesmo controle ou coligação, por valores diferentes daqueles registrados na contabilidade, ora gerando lucros, ora gerando prejuízos, desde que na data da elaboração das demonstrações financeiras esses ativos constem no balanço patrimonial da empresa adquirente, ou seja, não tenham sido vendidos para terceiros.

Contudo, o enfoque estabelecido na legislação societária é criticado por Santos e Schmidt (2002, p. 76) ao afirmarem que essa questão é pacífica quando se trata de operações realizadas entre a investidora e suas controladas, pois nesse caso houve apenas uma "mudança de bolsos" até a efetiva venda para terceiros, existindo de fato um resultado não realizado. No entanto, quando a operação é realizada com uma coligada, a investidora, por não possuir o controle, não atua preponderantemente na decisão tomada por essa empresa, que é um pressuposto da coligação. Essa operação é similar, então, a uma operação realizada com terceiros.

Em razão disso, observa-se uma incoerência da legislação, pois, caso a investidora tivesse o poder de definir o rumo dos negócios de suas coligadas, ou de maneira mais simples, controlá-las, então as mesmas também deveriam ser consolidadas, e não o são, conforme será visto posteriormente, ou seja, a definição de resultados não realizados deveria englobar apenas as operações realizadas com a investidora ou com outras controladas do mesmo grupo e não com coligadas.

Em relação à equivalência patrimonial, segundo a legislação societária, no caso da existência de resultados não realizados, antes do cálculo da equivalência patrimonial deve-se retirar do patrimônio líquido da investida, resultados (lucro ou prejuízo) não realizados com a investidora ou outras empresas do mesmo grupo.

Supondo-se, por exemplo, ainda em relação ao exemplo apresentado na Figura 11, que exista um lucro não realizado de $ 1.350 líquido de imposto de renda e contribuição social, relativo a uma venda de mercadorias realizada pela investida Delta para a investidora Alfa, nesse caso o valor da equivalência patrimonial na investida Delta será calculado de acordo com o apresentado na Figura 15.

Empresa	Patrimônio Líquido	Lucro não Realizado	Patrimônio Líquido ajustado	% Participação Capital total	Valor após Equivalência	Valor contábil Investimento	Valor Equivalência
Delta	28.200	(1.350)	26.850	20%	5.370	2.500	2.870
Omega	48.000	0	48.000	25%	12.000	8.150	3.850
Sigma	12.000	0	12.000	60%	7.200	8.900	(1.700)
						TOTAL	5.020

Figura 15: Cálculo da equivalência patrimonial segundo a legislação societária com lucro não realizado

Em relação à Figura 15, os valores dos investimentos após a equivalência patrimonial foram calculados de acordo com o apresentado na Figura 16.

Delta:
Valor do investimento após a equivalência patrimonial = 26.850 x 20% = 5.370
Ômega:
Valor do investimento após a equivalência patrimonial = 48.000 x 25% = 12.000
Sigma:
Valor do investimento após a equivalência patrimonial = 12.000 x 60% = 7.200

Figura 16: Cálculo do valor do investimento após a equivalência patrimonial com lucro não realizado

Já o valor da equivalência patrimonial é obtido pela diferença entre o valor do investimento após a equivalência patrimonial e o valor contábil do investimento conforme o apresentado na Figura 17.

Delta:		
Valor da equivalência patrimonial	= 5.370 -2.500	= 2.870
Ômega:		
Valor da equivalência patrimonial	= 12.000 – 8.150	= 3.850
Sigma:		
Valor da equivalência patrimonial	= 7.200 – 8.900	= (1.700)
	Total:	**5.020**

Figura 17: Cálculo do valor do investimento após a equivalência patrimonial com lucro não realizado

Supondo-se, agora, que exista um prejuízo não realizado de $ 930, líquido de imposto de renda e contribuição social, relativo a uma venda de ativo imobilizado realizada pela investida Delta para a investidora Alfa, nesse caso, o valor da equivalência patrimonial na investida Delta será calculado de acordo com o apresentado na Figura 18.

Empresa	Patrimônio Líquido	Prejuízo não realizado	Patrimônio líquido ajustado	% Participação capital total	Valor após equivalência	Valor contábil investimento	Valor equivalência
Delta	28.200	930	29.130	20%	5.826	2.500	3.326
Ômega	48.000	0	48.000	25%	12.000	8.150	3.850
Sigma	12.000	0	12.000	60%	7.200	8.900	(1.700)
						TOTAL	5.476

Figura 18: Cálculo da equivalência patrimonial segundo a legislação societária com prejuízo não realizado

Em relação à Figura 18, os valores dos investimentos após a equivalência patrimonial foram calculados de acordo com o apresentado na Figura 19.

Delta:
Valor do investimento após a equivalência patrimonial = 29.130 x 20% = 5.826
Ômega:
Valor do investimento após a equivalência patrimonial = 48.000 x 25% = 12.000
Sigma:
Valor do investimento após a equivalência patrimonial = 12.000 x 60% = 7.200

Figura 19: Cálculo do valor do investimento após a equivalência patrimonial com prejuízo não realizado

Já o valor da equivalência patrimonial é obtido pela diferença entre o valor do investimento após a equivalência patrimonial e o valor contábil do investimento conforme o apresentado na Figura 20.

Delta:
Valor da equivalência patrimonial   = 5.826 -2.500   = 3.326
Ômega:
Valor da equivalência patrimonial   = 12.000 – 8.150 = 3.850
Sigma:
Valor da equivalência patrimonial   = 7.200 – 8.900 = (1.700)
          Total: **5.476**

Figura 20: Cálculo do valor do investimento após a equivalência patrimonial com prejuízos não realizados

1.3.5.2 Resultados não realizados segundo o CPC

A partir do advento do pronunciamento técnico CPC 18(R2), bem como da interpretação técnica ICPC 09(R2), o resultado não realizado passou a ter tratamento contábil distinto para coligadas, controladas e empreendimento controlado em conjunto. O Quadro 1 apresenta um esquema sobre o procedimento de eliminação do resultado não realizado.

Tipo de Investimento	Operação Descendente (*downstream*)	Operação Ascendente (*upstream*)
Controlada	Eliminação Integral	Eliminação Integral
Coligada	Eliminação Proporcional	Eliminação Proporcional
Empreendimento Controlado em Conjunto	Eliminação Proporcional	Eliminação Proporcional

Quadro 1: Esquema de Eliminação dos Resultados Não Realizados pelo CPC

É importante enfatizar que para fins de equivalência patrimonial, da mesma forma que nas normas internacionais, segundo o item 54 da interpretação técnica ICPC 09(R2) devem ser eliminados os resultados não realizados. No entanto, na prática, geralmente, existirão lucros não realizados, uma vez que raramente surgirão prejuízos não realizados, em razão de se configurarem como distribuição disfarçada de lucros, ou ainda, refletirem a falta da aplicação adequada do teste de *impairment*.

Caso seja caracterizada a perda por não recuperabilidade do ativo, essa perda deve ser reconhecida, antes da operação de venda, mesmo que somente para fins do cálculo da equivalência patrimonial pela investidora quando o ativo estiver na coligada ou empreendimento controlado em conjunto.

1.3.5.2.1 Resultado não realizado com coligadas e empreendimentos controlados em conjunto

Em relação às coligadas e empreendimentos controlados em conjunto o pronunciamento técnico CPC 18(R2) estabeleceu em seu item 28 que os resultados decorrentes de transações ascendentes (*upstream*) e descendentes (*downstream*) entre o investidor (incluindo suas controladas consolidadas) e a coligada ou empreendimento controlado em conjunto são reconhecidos nas demonstrações contábeis do investidor somente na extensão da participação de outros investidores sobre essa coligada que sejam partes independentes do grupo econômico a que pertence a investidora, ou seja, os resultados não realizados são considerados proporcionalmente.

Nesse sentido, consideram-se transações ascendentes, por exemplo, vendas de ativos da coligada para o investidor. Por outro lado, transações descendentes são, por exemplo, vendas de ativos do investidor para a coligada.

Portanto, com base no pronunciamento técnico CPC 18(R2), devem ser eliminados, proporcionalmente, os resultados não realizados entre o investidor e sua coligada ou controlada em conjunto. No entanto, é importante destacar que a interpretação técnica ICPC 09(R2) trata somente da eliminação de lucros não realizados proporcionalmente, por entender que raramente ocorrerão, na prática, prejuízos não realizados. Entretanto, se após a aplicação do teste de *impairment* surgirem prejuízos não realizados, os mesmos devem ser eliminados.

A provável não eliminação de prejuízos não realizados, segundo o item 54 da interpretação técnica ICPC 09(R2), ocorre, conforme evidenciado anteriormente, porque a existência de transações com ativos que gerem prejuízos é, normalmente, evidência de necessidade de reconhecimento de *impairment* (CPC 01). Além disso, esse conceito aplica-se também para as operações com controlada e com empreendimento controlado em conjunto.

Assim, a partir da vigência da interpretação técnica ICPC 09(R2), os resultados não realizados em operações descendentes, que até então não eram considerados no cálculo da equivalência patrimonial, uma vez que o cálculo da equivalência patrimonial era realizado sobre o patrimônio líquido da investida, passaram a ser considerados no cálculo de equivalência patrimonial a exemplo do que ocorre nas normas internacionais e norte-americanas.

1.3.5.2.1.1 Operações Descendentes (*Downstream*) com Coligadas e Empreendimentos controlados em conjunto

Conforme evidenciado anteriormente, os resultados não realizados em operações descendentes não eram considerados no cálculo do resultado de equivalência patrimonial, pois esse resultado não realizado não afeta o patrimônio líquido da investida, mas sim, o da investidora, consequentemente, não era considerado no cálculo do resultado de equivalência patrimonial.

Segundo o item 49 da interpretação técnica ICPC 09(R2), nas operações de vendas de ativos de uma investidora para uma coligada ou empreendimento controlado em conjunto (*downstream*), são considerados apenas os lucros não realizados, na proporção da participação da investidora na coligada ou empreendimento controlado em conjunto, em relação aos lucros obtidos em operações de ativos que, à época das demonstrações contábeis, ainda permaneçam na coligada ou empreendimento controlado em conjunto.

A lógica por detrás desse tratamento contábil é que, por definição, essa coligada deve ter um controlador que não seja essa investidora a fim de que sobre a investidora e a coligada possa existir apenas relação de significativa influência e não de controle, e para que ambas não sejam consideradas sob controle comum. Ademais, de acordo com o item 49 da interpretação técnica ICPC 09(R2), equiparam-se a venda, para fins de lucro não realizado, os aportes de ativos para integralização de capital na investida.

Assim, na venda da investidora para a coligada ou empreendimento controlado em conjunto é considerada realizada, na investidora, a parcela do lucro proporcional à participação dos demais sócios na coligada que sejam partes independentes da investidora ou dos controladores da investidora, ou seja, é considerado como lucro não realizado a parcela proporcional aos acionistas da investidora.

Portanto, considera-se que a operação de venda se dá entre partes independentes, por ter a coligada um controlador diferente do controlador da investidora. Nesse sentido, segundo o item 50 da interpretação técnica ICPC 09(R2), aplicam-se esses procedimentos também para o caso de coligada sem sócio controlador, isto é, aqueles casos em que nenhum investidor possua parcela expressiva do capital da investida.

Em relação ao registro contábil, nos termos do item 51 da interpretação técnica ICPC 09(R2), a operação de venda deve ser registrada normalmente pela investidora e o não reconhecimento do lucro não realizado se dá pela eliminação, no resultado individual da investidora (e se for o caso no resultado consolidado), da parcela não realizada e pelo seu registro a débito na conta de resultado de equivalência patrimonial e a crédito de conta retificadora de investimento, até sua efetiva realização pela baixa do ativo na coligada ou empreendimento controlado em conjunto.

Além disso, não devem ser eliminadas na demonstração do resultado da investidora as parcelas de venda, custo da mercadoria ou produto vendido, tributos e outros itens aplicáveis já que a operação como um todo se dá com genuínos terceiros, ficando como não realizada apenas a parcela devida do lucro. Ademais, devem ser reconhecidos, quando aplicável, os tributos diferidos (CPC 32).

Esses conceitos podem ser verificados, supondo-se, por exemplo, ainda em relação ao exemplo apresentado na Figura 11, que exista um lucro não realizado de $ 1.350, líquido de imposto de renda e contribuição social, relativo a uma venda de mercadorias realizada pela investidora Alfa para a coligada Delta (operação descendente), nesse caso, o valor da equivalência patrimonial na investidora Alfa será calculado de acordo com o apresentado na Figura 21.

Empresa	Patrimônio Líquido	Lucro não realizado	Patrimônio Líquido ajustado	% Participação Capital total	Valor do Investimento após Equivalência	Valor contábil investimento	Valor Resultado equivalência
Delta	28.200	(1.350)	26.850	20%	5.370	2.500	2.870
Omega	48.000	0	48.000	25%	12.000	8.150	3.850
Sigma	12.000	0	12.000	60%	7.200	8.900	(1.700)
						TOTAL	5.020

Figura 21: Cálculo da equivalência patrimonial, segundo o CPC, para coligadas com lucro não realizado - operação descendente

Em relação à Figura 21, os valores dos investimentos após a equivalência patrimonial foram calculados de acordo com o apresentado na Figura 22.

Delta:
Valor do investimento após a equivalência patrimonial =
$$(28.200 \times 20\%) - (1.350 \times 20\%) \quad = \quad 5.370$$
Ômega:
Valor do investimento após a equivalência patrimonial =
$$(48.000 \times 25\%) - 0 \quad = \quad 12.000$$
Sigma:
Valor do investimento após a equivalência patrimonial =
$$(12.000 \times 60\%) - 0 \quad = \quad 7.200$$

Figura 22: Cálculo do valor do investimento após a equivalência patrimonial segundo o CPC para coligadas com lucro não realizado - operação descendente

Já o valor do resultado da equivalência patrimonial é obtido pela diferença entre o valor do investimento após a equivalência patrimonial e o valor contábil do investimento, ou ainda, é obtido diretamente aplicando-se o percentual de participação sobre o resultado líquido da investida, conforme o apresentado na Figura 23.

Cálculo do Resultado de Equivalência Patrimonial pelo Patrimônio Líquido:
Delta:
Valor do resultado da equivalência patrimonial = 5.370 - 2.500 = 2.870
Ômega:
Valor do resultado da equivalência patrimonial = 12.000 - 8.150 = 3.850
Sigma:
Valor do resultado da equivalência patrimonial = 7.200 - 8.900 = (1.700)

Total:	**5.020**

Cálculo do Resultado de Equivalência Patrimonial pelo Resultado Líquido do Período:
Delta:
Valor do resultado da equivalência patrimonial = (15.700* x 20%) - (1.350 x 20%) = 2.870
Ômega:
Valor do resultado da equivalência patrimonial = 15.400* x 25%....... = 3.850
Sigma:
Valor do resultado da equivalência patrimonial = - 2.833* x 60%...... = (1.700)

Total:	**5.020**

***Resultado líquido do exercício obtidos pelas investidas**

Figura 23: Cálculo do valor da equivalência patrimonial segundo o CPC para coligadas com lucro não realizado - operação descendente

É importante destacar que o cálculo da equivalência patrimonial com base no item 10 do pronunciamento técnico CPC 18(R2), a exemplo das normas internacionais e norte-americanas, é feito diretamente em relação ao resultado líquido do período, sendo retirados separadamente os efeitos dos lucros não realizados em registro à parte nos termos do item 51 da interpretação técnica ICPC 09(R2).

Assim, os registros contábeis dessas operações, no CPC, nessa hipótese, são os apresentados na Figura 24.

D – Investimento Delta	$ 3.140 (15.700 x 20%)
D – Investimento Ômega	$ 3.850
C – Investimento Sigma	$ 1.700
C – Resultado Equivalência patrimonial	$ 5.290
D – Resultado de Equivalência patrimonial	$ 270 (1.350 x 20%)
C – Investimento Delta-lucros não realizados*	$ 270
*conta retificadora de lucros não realizados em investimentos	

Figura 24: Registro contábil da equivalência patrimonial segundo o CPC para coligadas com lucro não realizado – operação descendente

Além disso, de acordo com o item 52 da interpretação técnica ICPC 09(R2), na investidora, em suas demonstrações individuais e, se for o caso, nas consolidadas, a eliminação de que trata o item 51 se dá na linha de resultado de equivalência patrimonial, com destaque na própria demonstração do resultado ou em nota explicativa, conforme evidenciado na Figura 25.

<u>Demonstração do Resultado</u>

Resultado de equivalência patrimonial........... 3.140
(-) lucro não realizado em coligadas.............. (270)....... 2.870

Figura 25: Apresentação do lucro não realizado na demonstração do resultado do período

1.3.5.2.1.2 Operações Ascendentes (*upstream*) com Coligadas e Empreendimento Controlado em Conjunto

Por outro lado, nas operações de venda da coligada ou empreendimento controlado em conjunto para a investidora (*upstream*), segundo o item 53 da interpretação técnica ICPC 09(R2), os lucros não realizados por operação de ativos ainda em poder da investidora ou de suas controladas são eliminados da seguinte forma: do valor da equivalência patrimonial calculada sobre o lucro líquido da investida é deduzida a integralidade do lucro considerado como não realizado pela investidora, ou seja, da mesma forma que nas operações descendentes, o lucro não realizado é eliminado proporcionalmente.

Supondo-se, por exemplo, ainda em relação ao apresentado na Figura 21, que exista um lucro não realizado de $ 1.350, líquido de imposto de renda e de contribuição social, relativo a uma venda de mercadorias realizada pela investida Delta para a investidora Alfa (*upstream*), nesse caso o valor da equivalência patrimonial na investidora Alfa será calculado de acordo com o apresentado na Figura 26.

Cálculo do Resultado de Equivalência Patrimonial pelo Resultado Líquido do Período:

Delta:
Valor do resultado da equivalência patrimonial =
$$(15.700^* - 1.350) \times 20\% \quad = \quad 2.870$$

Ômega:
Valor do resultado da equivalência patrimonial =
$$15.400^* \times 25\%\dots\dots\dots = \quad 3.850$$

Sigma:
Valor do resultado da equivalência patrimonial =
$$-2.833^* \times 60\%\dots\dots\dots = \underline{(1.700)}$$

Total: **5.020**

***Resultado líquido do exercício obtidos pelas investidas**

Figura 26: Cálculo do valor da equivalência patrimonial segundo o CPC para coligadas com lucro não realizado – operação ascendente

Assim, os registros contábeis dessas operações, no CPC, nessa hipótese, são os apresentados na Figura 27.

D – Investimento Delta	$ 2.870
D – Investimento Ômega	$ 3.850
C – Investimento Sigma	$ 1.700
C – Resultado Equivalência patrimonial	$ 5.020

Figura 27: Registro contábil da equivalência patrimonial segundo o CPC para coligadas com lucro não realizado – operação ascendente

1.3.5.2.2 Controladas

Em relação às controladas, de acordo com o item 28A do pronunciamento técnico CPC 18(R2), os resultados decorrentes de transações descendentes (*downstream*) entre a controladora e a controlada não devem ser reconhecidos nas demonstrações contábeis individuais da controladora enquanto os ativos transacionados estiverem no balanço da adquirente pertencente ao grupo econômico. O mesmo ocorre com transações entre as controladas do mesmo grupo econômico.

Já o resultado de transações ascendentes (*upstream*) segundo o item 28B do pronunciamento técnico CPC 18(R2) devem ser reconhecidos nas demonstrações contábeis individuais da vendedora (controlada), mas não devem ser reconhecidos nas demonstrações contábeis individuais da controladora. Ademais, devem ser observadas, nessas situações, o disposto na Interpretação Técnica ICPC 09(R2).

Nesse sentido, de acordo com o item 55 da interpretação técnica ICPC 09(R2), nas operações com controladas os lucros não realizados são totalmente eliminados tanto nas operações de venda da controladora para a controlada (*downstream*), quanto da controlada para a controladora (*upstream*) ou entre as controladas.

Nas demonstrações individuais da controladora, nos termos do item 56B da interpretação técnica ICPC 09(R2), quando de operações de vendas de ativos da controlada (*upstream*) para a controladora ou entre controladas, o lucro deve ser reconhecido normalmente na vendedora e a eliminação do lucro não realizado se faz no cálculo da equivalência patrimonial, deduzindo-se, do patrimônio líquido da controlada, cem por cento do lucro contido no ativo ainda em poder do grupo econômico.

Assim, a controladora deve registrar como resultado valor nulo, não tendo, por isso, afetação no seu resultado e no seu patrimônio líquido como decorrência do resultado reconhecido pela controlada.

Supondo-se, que exista um lucro não realizado de $ 1.350, líquido de imposto de renda e de contribuição social, relativo a uma venda de mercadorias realizada pela controlada Sigma para a controladora Alfa (*upstream*), nesse caso, o valor da equivalência patrimonial na controladora Alfa será calculado de acordo com o apresentado na Figura 28.

Empresa	Patrimônio Líquido	% Participação Capital total	Investimento ajustado	Lucro não realizado	Valor após Equivalência	Valor contábil investimento	Valor equivalência
Delta	28.200	20%	5.640	0	5.640	2.500	3.140
Ômega	48.000	25%	12.000	0	12.000	8.150	3.850
Sigma	12.000	60%	7.200	(1.350)	5.850	8.900	(3.050)
						TOTAL	3.940

Figura 28: Cálculo da equivalência patrimonial segundo o CPC para controlada com lucro não realizado - operação ascendente

Em relação à Figura 28, os valores dos investimentos após a equivalência patrimonial foram calculados de acordo com o apresentado na Figura 29.

Delta:

Valor do investimento após a equivalência patrimonial =

$$(28.200 \times 20\%) = 5.640$$

Ômega:

Valor do investimento após a equivalência patrimonial =

$$(48.000 \times 25\%) - 0 = 12.000$$

Sigma:

Valor do investimento após a equivalência patrimonial =

$$(12.000 \times 60\%) - 1.350 = 5.850$$

Figura 29: Cálculo do valor do investimento após a equivalência patrimonial segundo o CPC para controlada com lucro não realizado - operação ascendente

Por outro lado, o valor do resultado da equivalência patrimonial é obtido pela diferença entre o valor do investimento após a equivalência patrimonial e o valor contábil do investimento, ou ainda, é obtido diretamente aplicando-se o percentual de participação sobre o resultado líquido da investida, conforme o apresentado na Figura 30.

Cálculo do Resultado de Equivalência Patrimonial pelo Patrimônio Líquido:

Delta:

Valor do resultado da equivalência patrimonial = 5.640 -2.500　= 3.140

Ômega:

Valor do resultado da equivalência patrimonial = 12.000 - 8.150 = 3.850

Sigma:

Valor do resultado da equivalência patrimonial = 5.850 - 8.900　= (3.050)

Total:　　　　3.940

Cálculo do Resultado de Equivalência Patrimonial pelo Resultado Líquido do Período:

Delta:

Valor do resultado da equivalência patrimonial = (15.700* x 20%)　= 3.140

Ômega:

Valor do resultado da equivalência patrimonial = 15.400* x 25%.......= 3.850

Sigma:

Valor do resultado da equivalência patrimonial = (- 2.833* x 60%) - 1.350 = (3.050)

Total:　　　　3.940

*Resultado líquido do exercício das investidas

Figura 30: Cálculo do valor da equivalência patrimonial segundo o CPC para controlada com lucro não realizado - operação ascendente

Assim, os registros contábeis dessas operações, no CPC, nessa hipótese, são os apresentados na Figura 31.

D – Investimento Delta	$ 3.140
D – Investimento Ômega	$ 3.850
C – Investimento Sigma	$ 3.050
C – Resultado Equivalência patrimonial	$ 3.940

Figura 31: Registro contábil da equivalência patrimonial segundo o CPC para controlada com lucro não realizado - operação ascendente

Nas demonstrações individuais da controladora, quando de operações de venda de ativos da controladora para suas controladas (*downstream*), de acordo com o item 55B da interpretação técnica ICPC 09(R2), a eliminação do lucro não realizado deve ser feita no resultado individual da controladora, deduzindo-se cem por cento do lucro contido no ativo ainda em poder do grupo econômico, em contrapartida da conta de investimento (como se fosse uma devolução de parte desse investimento), até sua efetiva realização pela baixa do ativo na(s) controlada(s).

Supondo-se, que exista um lucro não realizado de $ 1.350, líquido de imposto de renda e de contribuição social, relativo a uma venda de mercadorias realizada pela controladora Alfa para a controlada Sigma (*downstream*); nesse caso, o valor da equivalência patrimonial na controladora Alfa será calculado de acordo com o apresentado na Figura 32.

Empresa	Patrimônio Líquido	% Participação Capital total	Investimento ajustado	Lucro não realizado	Valor após Equivalência	Valor contábil investimento	Valor Equivalência
Delta	28.200	20%	5.640	0	5.640	2.500	3.140
Ômega	48.000	25%	12.000	0	12.000	8.150	3.850
Sigma	12.000	60%	7.200	(1.350)	5.850	8.900	(3.050)
						TOTAL	3.940

Figura 32: Cálculo da equivalência patrimonial segundo o CPC para controlada com lucro não realizado - operação descendente

Em relação à Figura 32, os valores dos investimentos após a equivalência patrimonial foram calculados de acordo com o apresentado na Figura 33.

Delta:
Valor do investimento após a equivalência patrimonial =
$$(28.200 \times 20\%) = 5.640$$
Ômega:
Valor do investimento após a equivalência patrimonial =
$$(48.000 \times 25\%) - 0 = 12.000$$
Sigma:
Valor do investimento após a equivalência patrimonial =
$$(12.000 \times 60\%) - 1.350 = 5.850$$

Figura 33: Cálculo do valor do investimento após a equivalência patrimonial segundo o CPC para controlada com lucro não realizado – operação descendente

Já o valor do resultado da equivalência patrimonial é obtido pela diferença entre o valor do investimento após a equivalência patrimonial e o valor contábil do investimento, ou ainda, é obtido diretamente aplicando-se o percentual de participação sobre o resultado líquido da investida, conforme o apresentado na Figura 34.

Cálculo do Resultado de Equivalência Patrimonial pelo Patrimônio Líquido:

Delta:

Valor do resultado da equivalência patrimonial = 5.640 - 2.500 = 3.140

Ômega:

Valor do resultado da equivalência patrimonial = 12.000 - 8.150 = 3.850

Sigma:

Valor do resultado da equivalência patrimonial = 5.850 - 8.900 = <u>(3.050)</u>

Total: 3.940

Cálculo do Resultado de Equivalência Patrimonial pelo Resultado Líquido do Período:

Delta:

Valor do resultado da equivalência patrimonial = (15.700* x 20%) = 3.140

Ômega:

Valor do resultado da equivalência patrimonial = 15.400* x 25%.......= 3.850

Sigma:

Valor do resultado da equivalência patrimonial = (- 2.833* x 60%) - 1.350 = <u>(3.050)</u>

Total: 3.940

***Resultado líquido do exercício das investidas**

Figura 34: Cálculo do valor da equivalência patrimonial segundo o CPC para controlada com lucro não realizado – operação descendente

Assim, os registros contábeis dessas operações, no CPC, nessa hipótese, são os apresentados na Figura 35.

D – Investimento Delta	$ 3.140
D – Investimento Ômega	$ 3.850
C – Investimento Sigma	$ 1.700
C – Resultado Equivalência patrimonial	$ 5.290
D – Resultado de Equivalência patrimonial	$ 1.350
C – Investimento Sigma-Lucro não realizado*	$ 1.350

*conta retificadora de lucros não realizados em investimentos

Figura 35: Registro contábil da equivalência patrimonial segundo o CPC para controlada com lucro não realizado – operação descendente

Além disso, nos termos do item 55C da interpretação técnica ICPC 09(R2), a eliminação do lucro não realizado na demonstração do resultado deve ser feita em linha logo após o resultado de equivalência patrimonial, com destaque na própria demonstração do resultado ou em nota explicativa, conforme evidenciado na Figura 36.

Demonstração do Resultado

Resultado de equivalência patrimonial..........5.290
(-) lucro não realizado em controladas........ (1.350).......3.940

Figura 36: Apresentação do lucro não realizado na demonstração do resultado do período

Ademais, de acordo com o item 55C da interpretação técnica ICPC 09(R2), esse lucro não realizado, alternativamente, pode ser eliminado diretamente na demonstração do resultado do exercício, retirando-se as parcelas de vendas, custo das mercadorias vendidas, tributos e outros itens aplicáveis já que a operação como um todo não se dá com genuínos terceiros, ao invés de ajustar diretamente no resultado de equivalência patrimonial.

1.3.5.2.3 Resultado não Realizado com Empreendimento Controlado em Conjunto

A utilização do método da equivalência patrimonial, segundo o item 40 do pronunciamento técnico CPC 19, é apoiada por aqueles que argumentam que não é apropriado combinar investimentos em controladas com investimentos em empreendimentos controlados em conjunto e por aqueles que acreditam que os empreendedores têm influência significativa, ao invés de controle compartilhado, em um empreendimento controlado em conjunto.

O pronunciamento técnico CPC 19, inicialmente, optou pelo uso da consolidação proporcional porque ela refletia melhor a substância e a realidade econômica da participação de um empreendedor numa entidade controlada em conjunto, ou seja, o controle sobre a sua participação nos benefícios econômicos futuros. No entanto, a partir do pronunciamento técnico CPC 19(R2), nos termos do item 24, bem como a alínea *b* do item 1 da interpretação técnica ICPC 09(R2), o empreendimento controlado em conjunto passou a ser contabilizado usando o método de equivalência patrimonial, ou seja, não será mais procedida a consolidação proporcional.

No balanço patrimonial individual, segundo o item 24 do pronunciamento técnico CPC 19(R2), o empreendedor em conjunto reconhece sua participação em um empreendimento controlado em conjunto usando o método da equivalência patrimonial, considerando o contido no pronunciamento técnico CPC 18(R2) e na interpretação técnica ICPC 09(R2).

Ademais, nos termos do item 22 do pronunciamento técnico CPC 18(R2), o empreendedor em conjunto deve suspender o uso do método de equivalência patrimonial a partir da data em que deixar de ter influência significativa ou o controle compartilhado sobre entidade controlada em conjunto.

1.3.6 Dividendos Recebidos no Método da Equivalência Patrimonial

No método da equivalência patrimonial, tanto pela legislação societária quanto pelo CPC, o lucro obtido em uma investida é registrado no momento da sua geração, de acordo com o princípio da competência.

Nesse sentido, segundo o item 10 do pronunciamento técnico CPC 18(R2), as distribuições recebidas da investida (distribuições de dividendos, distribuição de lucros e distribuição de juros sobre o capital próprio) reduzem o valor contábil do investimento.

Portanto, o recebimento do dividendo é considerado uma redução do investimento uma vez que a receita já foi registrada. Quando o dividendo for recebido, o mesmo deve reduzir o direito (dividendos a receber) e ser registrado em contrapartida de disponibilidades, conforme registros apresentados na Figura 37.

Investidora Delta - possui 60% do capital de Ömega

Dividendos a Receber (AC)		Investimentos Ömega		Result. Equiv. Patrimonial		Bancos	
③ 225	225 ③	① 900	225 ③		900 ①	③ 225	

Controlada Ömega

Dividendos a Pagar		Lucros Acumulados		Resultado do Exercício		Bancos	
③ 375	375 ③	② 375	1.500 ①	① 1.500	1.500 (si)	SI 1.250	375 ③
						875	

① Pela transferência do lucro líquido do exercício para a conta de lucros acumulados e pelo registro da equivalência patrimonial na investidora
② Pela apropriação dos dividendos a pagar (25%) na controlada e a receber na investidora
③ Pelo pagamento de dividendos e recebimento na investidora

Figura 37: Registro Contábil dos Dividendos no método de equivalência patrimonial

1.3.7 Reservas de capital no método de equivalência patrimonial

Em linhas gerais pode-se afirmar que as reservas de capital são valores recebidos pela companhia que não transitam pelo seu resultado como receitas, em geral referem-se a contribuições por meio de subscrição de valores mobiliários. Esses recebimentos, de acordo com o §1º do art. 182 da Lei nº 6.404/76 são registrados como reservas de capital.

Tais valores aumentam o valor do patrimônio líquido, portanto, quando uma coligada ou controlada registra uma reserva dessa natureza, um aumento proporcional à participação da investidora deve ser registrado em seu investimento em contrapartida da conta de resultado da equivalência patrimonial, tanto de acordo com a legislação societária quanto pelo CPC, já que representam ganhos efetivos para ela. Os registros contábeis referentes ao registro de uma reserva de capital referente a alienação de bônus de subscrição pela investida, são os apresentados na Figura 38.

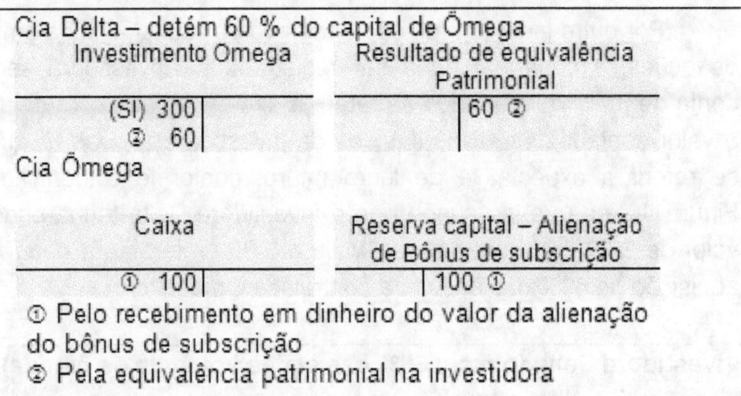

Figura 38: Registro contábil da reserva de capital referente a alienação de bônus de subscrição

Os registros contábeis referentes ao registro de uma reserva de capital referente a alienação de partes beneficiárias pela investida, são os apresentados na Figura 39.

Cia Delta – detém 70 % do capital de Ômega

Investimento Ômega		Resultado de equivalência Patrimonial	
(SI) 300			70 ②
② 70			

Cia Ômega

Caixa		Reserva capital – Alienação de Partes beneficiárias	
① 100			100 ①

① Pelo recebimento em dinheiro do valor da alienação de partes beneficiárias

② Pela equivalência patrimonial na investidora

Figura 39: Registro contábil da reserva de capital referente a alienação de partes beneficiárias

Por outro lado, em relação a reserva de capital ágio na emissão de ações, a contrapartida a ser registrada na investidora será na conta de mais-valia quando se referir a diferença entre o valor justo e o valor contábil dos ativos líquidos da investida e a *goodwill* quando se referir a expectativa de lucro futuro, conforme evidenciado na Figura 40, na qual se supõe que a investidora Delta tenha pago um valor de $ 200 referente a mais-valia e $ 300 referente a *goodwill* na aquisição de 60% das ações da controlada Ômega.

Investidora Delta (possui 60% das ações votantes de ômega)

Investimento na Controlada Ômega		Mais-valia na controlada Ômega		*Goodwill* na controlada Ômega	
2 – 1.000		2 – 200		2- 300	

Caixa	
SI - 3.000	1.500 - 2

Controlada Ômega

Caixa		Reserva capital – ágio na subscrição de ações		Capital social	
1 – 1.500			500 -1		1.000 -1

① Pela subscrição de capital com ágio
② Pelo registro da aquisição do investimento

Figura 40: Registro contábil da reserva de capital referente a ágio na subscrição de ações

Caso a reserva de capital se refira a ágio na conversão em ações de debêntures ou partes beneficiárias, registro contábil similar ao apresentado na Figura 40 deve ser realizado.

1.3.8 Ajustes de Exercícios Anteriores de investimentos avaliados pelo método de equivalência patrimonial

Segundo a Lei nº 6.404/76 art. 186 § 1º, serão considerados como ajustes de exercícios anteriores apenas aqueles decorrentes de erro referente a exercícios anteriores, que não possa ser imputável a eventos subsequentes e aqueles decorrentes de mudança de critérios contábeis, cujo objetivo é o de apurar o resultado do exercício "puro", ou seja, sem a inclusão de valores referentes a outros exercícios.

Todavia, este valor modifica o patrimônio líquido da investida e representa um ganho ou perda efetiva para a investidora, que deve, em consequência disso, de acordo com a legislação societária, ser registrado como resultado da equivalência patrimonial.

Já no CPC, no caso de coligada ou empreendimento controlado em conjunto, de acordo com o item 63 da interpretação técnica ICPC 09(R2), esse registro contábil poderá ser efetuado na conta de lucros ou prejuízos acumulados ou como resultado de equivalência patrimonial, conforme apresentado na Figura 41.

Investidora A (30% do capital de B)

Investimentos Empresa B		Resultado de Equivalência Patrimonial ou Lucros acumulados	
(SI) 750	300 ①	① 300	150 ②
② 150			

Coligada B

Lucro/Prejuízo Acumulado		Férias a pagar		Capital Subscrito	
① 1.000	500 ②	② 500	1.000 ①		2.500 (SI)

① No caso de despesa de exercícios anteriores.
② No caso de receita de exercícios anteriores.

Figura 41: Registro dos ajustes de exercícios anteriores no MEP pela legislação societária (Resultado) e pelo CPC no caso de coligadas e empreendimento controlado em conjunto

Por outro lado, segundo o item 63 da interpretação técnica ICPC 09 (R2), no caso de reconhecimento por controlada de ajuste de exercício anterior por mudança de prática contábil ou retificação de erro e consequente reapresentação retrospectiva de suas demonstrações contábeis, a controladora fará o reconhecimento de sua parte nesse ajuste e também procederá à reapresentação retrospectiva de suas demonstrações contábeis (CPC 23), isto é, o registro contábil será realizado na conta de lucros ou prejuízos acumulados, conforme apresentado na Figura 42.

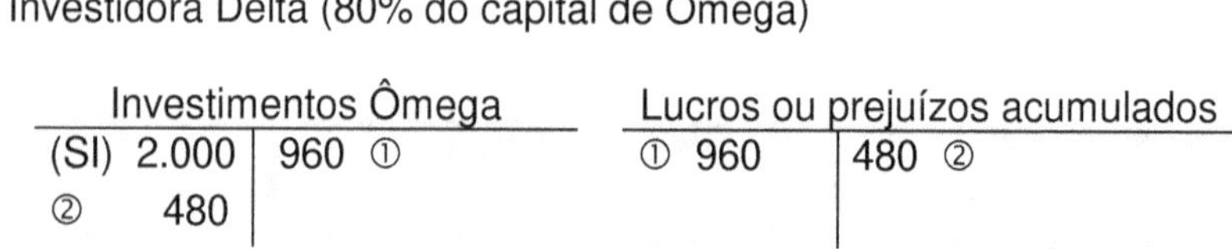

Investidora Delta (80% do capital de Ômega)

Investimentos Ômega		Lucros ou prejuízos acumulados	
(SI) 2.000	960 ①	① 960	480 ②
② 480			

Controlada Ômega

Lucro ou Prejuízo Acumulado		Férias a pagar		Capital Subscrito
① 1.200	600 ②	② 600	1.200 ①	2.500 (SI)

①No caso de despesa de exercícios anteriores
②No caso de receita de exercícios anteriores

Figura 42: Registro de ajustes de exercícios anteriores no CPC no caso de controladas

1.3.9 Variação no Percentual de Participação - Método da Equivalência Patrimonial

As variações nos percentuais de participação de investimentos surgem quando a investidora deixa de subscrever ações nos aumentos de capital, ou o faz, por percentuais diferentes dos existentes, ora aumentando-o, ora diminuindo-o. Além disso, podem também surgir de negociações subsequentes a aquisição do controle em que a controladora adquire, dos sócios não controladores, novas ações ou quotas da controlada.

A legislação societária não especifica o tratamento contábil a ser dado a essas variações sendo utilizado, nesses casos, o tratamento sugerido pelo CPC.

É importante enfatizar que, inicialmente, a CVM determinou no inciso II do art. 16 da Instrução Normativa nº 247/96, que o resultado de equivalência patrimonial seria considerado como receita ou despesa não operacional quando correspondesse a eventos que resultassem na variação da porcentagem de participação no capital social da coligada e controlada. Esse tratamento contábil foi utilizado até o advento da Interpretação Técnica ICPC 09.

1.3.9.1 Aumento ou Redução de capital sem ágio em investida que não possui saldo de reservas

Quando ocorre aumento de capital em uma investida, a investidora pode ou não participar desse aumento de capital. No entanto, quando ela não participa desse aumento de capital ocorre a diluição da sua participação relativa nessa investida.

Essa diluição no percentual de participação da investida acarretará em uma perda para a investidora, caso a investida possua em seu patrimônio líquido saldo de reservas. No entanto, se o saldo do patrimônio líquido for composto apenas do capital social essa variação no percentual de participação não afetará o resultado do exercício.

A Figura 43 apresenta a situação inicial de um grupo de empresas para as quais se supõem que o valor justo seja igual ao valor contábil.

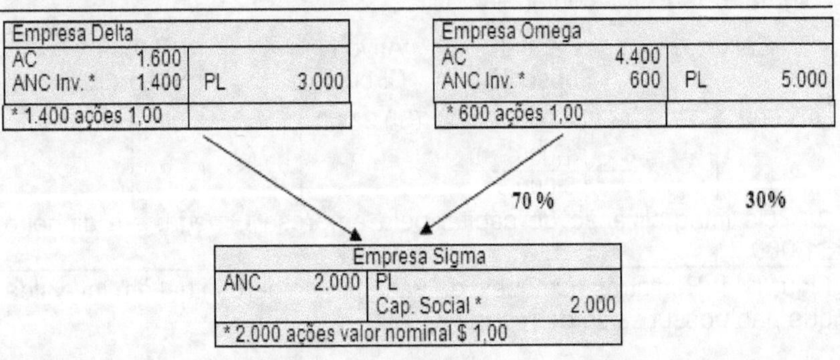

Figura 43: Situação inicial antes da variação em investida que não possui saldo de reservas

A partir da situação inicial apresentada na Figura 43, supõe-se que a empresa Sigma faça um aumento de capital, totalmente subscrito e integralizado pela empresa Ômega, sem ágio ou deságio, no valor de $ 1.000.

Dessa forma, o capital de Sigma passará a ter 3.000 ações, sem alteração do valor nominal, que é de $ 1,00, dos quais 1.400 ações pertencem a Delta e 1.600 ações pertencem a Ômega, ou seja, houve uma diluição no percentual de participação de Delta, que passou a ter 46,67 % do capital de Sigma (1.400 ÷ 3.000 ações) e um aumento do percentual de participação de Ômega, que passou a ter 53,33% do capital de Sigma (1.600 ÷ 3.000 ações).

Contudo, essa variação no percentual de participação não gerou ganho nem perda, pois Sigma não possuía saldo de reservas em seu patrimônio líquido, isto é, possuía apenas capital social, conforme registros apresentados na Figura 44.

Delta – não há registro contábil

Ômega – Registros contábeis

Caixa		Investimento Sigma	
(SI) 4.400	1.000 ①	(SI) 600	
		① 1.000	
3.400		1.600	

Sigma – Registros contábeis

Caixa		Capital Subscrito		Ativo Não Circulante		Capital a integralizar	
①1.000		2.000 (SI)		(SI) 2.000		① 1.000	1.000 ①
		1.000 ①					
		3.000					

① Pela integralização de capital pela empresa Ômega, em dinheiro $1.000

Figura 44: Registros contábeis da variação no percentual em investida que não possui saldo de reservas

A Figura 45 apresenta a nova situação patrimonial das empresas após a variação no percentual de participação.

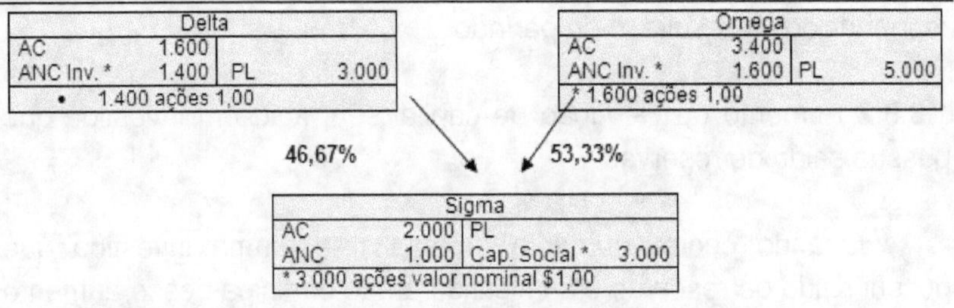

Figura 45: Situação patrimonial após registros contábeis

Na Figura 45 verifica-se que o saldo de investimentos na empresa Delta não se modificou, ou seja, mantém-se em $ 1.400, pois a mesma não participou do aumento de capital e o saldo de investimentos na empresa Ômega passou de $ 600 para $ 1.600. Esse acréscimo de $ 1.000, refere-se ao valor da integralização de capital, conforme demonstrado na Figura 46.

Aumento de capital	$ 1.000
Variação nos investimentos pela diferença de %, nas reservas e lucros acumulados existentes em Sigma	$ 0
Total do acréscimo	$ 1.000

Figura 46: Demonstração da variação percentual em investida que não possui saldo de reservas

Ainda em relação à Figura 43 e Figura 45 é importante destacar que a empresa Delta perdeu o controle em relação ao seu investimento em Sigma (redução de 70% para 46,67%). No entanto, nesse caso, considerando-se a alínea "d" do item B98 do pronunciamento técnico CPC 36(R3), não houve necessidade de qualquer ajuste para refletir essa mudança no percentual de participação da empresa Delta em sua investida Sigma já que não houve diferença entre o valor justo e o valor contábil.

Por outro lado, em relação à empresa Ômega, ocorreu uma combinação de negócios em estágios. Nesse sentido, segundo o item 42 do pronunciamento técnico CPC 15(R1), o adquirente deve mensurar novamente sua participação anterior na adquirida pelo valor justo na data da aquisição e deve reconhecer no resultado do período o ganho ou a perda resultante, se houver. Como nesse caso não houve diferença entre o valor justo e o contábil, não há ajuste a ser reconhecido no resultado do período.

1.3.9.2 Aumento ou Redução de capital sem ágio em investida que possua saldo de reservas

Quando ocorre aumento de capital em uma investida que possui saldo de reservas e a investidora não participa desse aumento de capital, ocorre a diluição da sua participação relativa nessa investida.

Essa diluição no percentual de participação da investida acarretará em uma perda para a investidora, sendo o valor dessa perda idêntico ao produto entre a variação no percentual de participação e o valor das referidas reservas.

A Figura 47 apresenta a situação inicial de um grupo de empresas para as quais se supõem que o valor justo seja igual ao valor contábil.

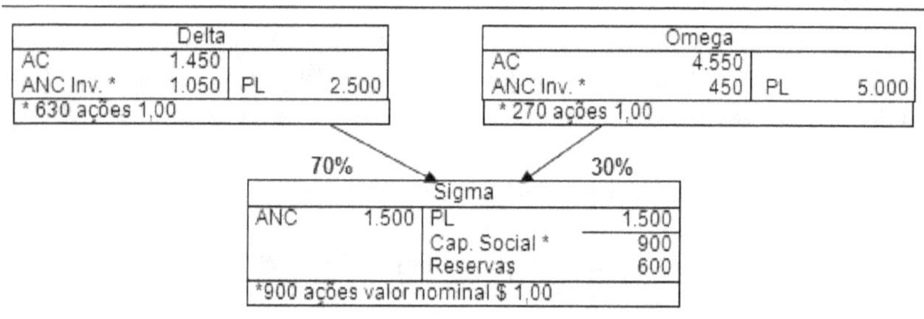

Figura 47: Situação inicial antes da variação em investida que possui saldo de reservas

Em relação à situação patrimonial apresentada na Figura 47, supõe-se que ocorra o mesmo aumento de capital do caso anterior, ou seja, $ 1.000, subscrito e integralizado sem ágio, novamente pela empresa Ômega. Em razão desse aumento de capital, o percentual de participação de Delta passa a ser de 33,16% (630 ÷ 1.900) e o percentual de Ômega passa a ser de 66,84% (1.270 ÷ 1.900).

Consequentemente, foi gerada uma perda em investimentos de $ 221 na empresa Delta e um ganho em investimentos, nesse mesmo valor, na empresa Ômega, porque existem reservas no patrimônio líquido de Sigma, conforme registros apresentados na Figura 48.

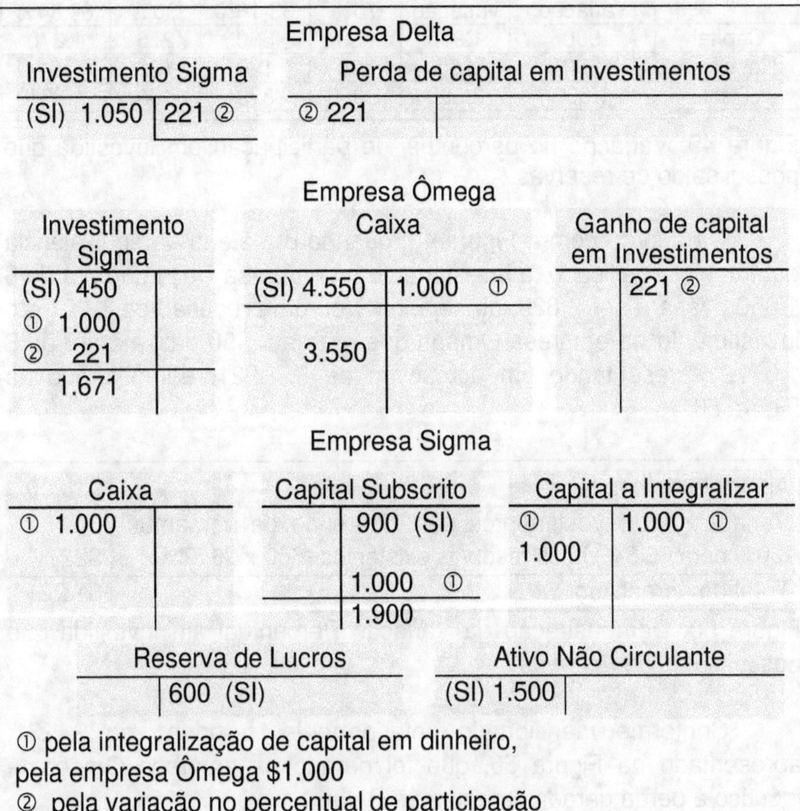

① pela integralização de capital em dinheiro, pela empresa Ômega $1.000
② pela variação no percentual de participação

Figura 48: Registros contábeis em investida que possui saldo de reservas

A Figura 49 apresenta a demonstração das variações nos percentuais de participação das empresas.

Contas	Patrimônio Líquido de Sigma		Investimento em Delta		Investimento em Ômega	
	Antes da variação	Após a variação	Antes 70%	Após 33,16%	Antes 30%	Após 66,84%
Capital	900	1.900	630	630	270	1.270
Reservas	600	600	420	199	180	401
Total	1.500	2.500	1.050	829	450	1.671

Figura 49: Variação no percentual de participação em investida que possui saldo de reservas

De acordo com a Figura 49, quando o método da equivalência patrimonial é aplicado, o investimento na empresa Delta que era de $ 1.050 passa a ser $ 829, ou seja, ocorreu uma redução de $ 221 e o investimento na empresa Ômega que era de $ 450 passa a ser de $ 1.671, representando um acréscimo de $ 1.221, demonstrado na Figura 50.

Aumento de capital	$1.000
Variação nos investimentos pela diferença de percentual (30% para 66,84%) nas reservas existentes (600 x 36,84%)	$221
Total do acréscimo	$1.221

Figura 50: Demonstração da Variação Percentual em investida que possui saldo de reservas

Conforme mencionado anteriormente, o ganho de $ 221, apresentado na Figura 50, que foi gerado na empresa Ômega, é idêntico à perda gerada na empresa Delta.

Ainda em relação à Figura 47 e a Figura 49 é importante destacar que a empresa Delta perdeu o controle em relação ao seu investimento em Sigma (redução de 70% para 33,16%). Nesse caso, segundo a alínea "d" do item B98 do pronunciamento técnico CPC 36(R3), essa diferença deve ser reconhecida como ganho ou perda no resultado do período.

Por outro lado, em relação a empresa Ômega, ocorreu uma combinação de negócios em estágios. Nesse sentido, segundo o item 42 do pronunciamento técnico CPC 15, o adquirente deve reavaliar sua participação anterior na adquirida pelo valor justo na data da aquisição e deve reconhecer no resultado do período o ganho ou a perda resultante, se houver. Nesse caso, embora não exista diferença entre o valor justo e o contábil dos ativos líquidos existe um ganho pela variação no percentual de participação sobre o saldo de reservas, o qual deve ser reconhecido no resultado do período.

1.3.9.3 Aumento ou Redução de capital com ágio em investida que possua saldo de reservas

Quando ocorre aumento de capital em uma investida que possui saldo de reservas com ágio e a investidora não participa desse aumento de capital, ocorre a diluição da sua participação relativa nessa investida. Já a empresa que adquire as ações registra a mais-valia (diferença de valor de mercado) ou o *goodwill* (expectativa de lucro futuro) no subgrupo investimentos.

Ainda em relação ao exemplo anterior, supondo-se agora a ocorrência de um aumento de capital por meio da emissão de 1.000 novas ações com ágio, subscritas e integralizadas pela empresa Alfa. O valor negociado entre as partes é de $ 2,00 por ação, consequentemente, $ 2.000. Nesse caso, os valores das ações da empresa Sigma são os apresentados na Figura 51.

Valor nominal das ações (900 ÷ 900)	= $ 1,00
Valor patrimonial das ações (1.500 ÷ 900)	= $ 1,67
Valor emissão com ágio das ações (negociado)	= $ 2,00

Figura 51: Valor das ações da empresa Sigma

Nesse caso, o novo acionista (Alfa) está pagando um valor referente a mais-valia (anteriormente denominado de ágio por diferença de valor de mercado) de $ 300 (0,3333 x 900), ou seja, aproximadamente $ 0,33 por ação (2,00 - 1,67), devido ao valor de mercado do imóvel de Sigma registrado na contabilidade por $ 1.500 e cujo valor de mercado é de $ 1.800. Esse valor, dividido pelas 900 ações existentes (1.800/900) gera um valor por ação de $ 2,00. A Figura 52 apresenta a demonstração das variações nos percentuais de participação das empresas, após a entrada do novo acionista.

Contas	Patrimônio Líquido de Sigma		Investimento em Delta		Investimento em Ômega		Investimento em Alfa	
	Antes da variação	Após a variação	Antes 70%	Após 33,16%	Antes 30%	Após 14,21%	Antes 0%	Após 52,63%
Capital	900	1.900	630	630	270	270	0	1.000
Reservas	600	600	420	199	180	85	0	316
Ágio		1.000		332		142	0	526
Total	1.500	3.500	1.050	1.161	450	497	0	1.842

Figura 52: Variação no percentual de participação com ágio em investida que possua saldo de reservas

Após a subscrição apresentada anteriormente, em razão da entrada do novo sócio na empresa Sigma, o percentual de participação de Delta passa a ser de 33,16% (630 ÷ 1.900); o percentual de Ômega passa a ser de 14,21% (270 ÷ 1.900) e o percentual de Alfa passa a ser de 52,63% (1.000 ÷ 1.900). Em consequência disso, houve a geração de uma mais-valia (ágio) na empresa Alfa de $ 158 e um ganho de capital em investimentos de $ 158, composto por $ 111 na empresa Delta e $ 47 na empresa Ômega, conforme registros contábeis apresentados na Figura 53.

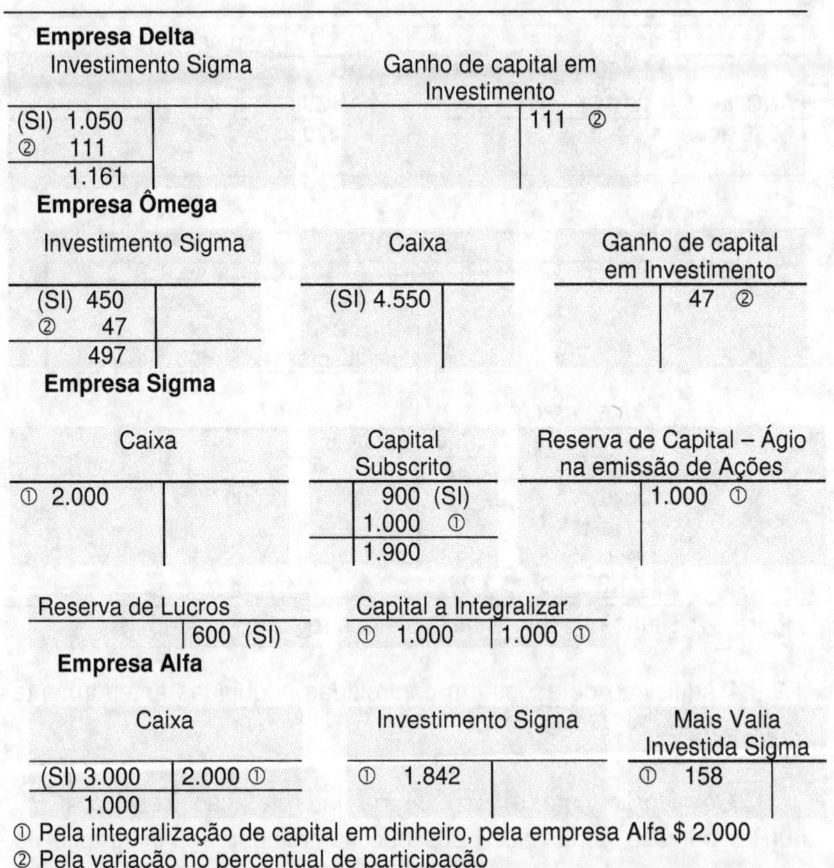

Empresa Delta

Investimento Sigma		Ganho de capital em Investimento
(SI) 1.050		111 ②
② 111		
1.161		

Empresa Ômega

Investimento Sigma		Caixa		Ganho de capital em Investimento
(SI) 450		(SI) 4.550		47 ②
② 47				
497				

Empresa Sigma

Caixa		Capital Subscrito		Reserva de Capital – Ágio na emissão de Ações
① 2.000		900 (SI)		1.000 ①
		1.000 ①		
		1.900		

Reserva de Lucros		Capital a Integralizar	
	600 (SI)	① 1.000	1.000 ①

Empresa Alfa

Caixa		Investimento Sigma		Mais Valia Investida Sigma
(SI) 3.000	2.000 ①	① 1.842		① 158
1.000				

① Pela integralização de capital em dinheiro, pela empresa Alfa $ 2.000
② Pela variação no percentual de participação

Figura 53: Registros contábeis em investida que possua saldo de reservas com ágio

Cabe ressaltar que as empresas Delta e Ômega, que antes da integralização de capital possuíam uma participação de 70% e 30%, respectivamente, no capital da empresa Sigma, tiveram os seus percentuais de participação reduzidos a 33,16% e 14,21% respectivamente, mas ambas obtiveram um resultado positivo na operação. Isso se justifica devido ao fato de que ambas acabaram por beneficiar-se da mais-valia (ágio) paga pela empresa Alfa, em razão disso, o valor da mais-valia corresponde exatamente ao valor do ganho apurado pelas duas empresas. A nova situação patrimonial das empresas após os registros contábeis está apresentada na Figura 54.

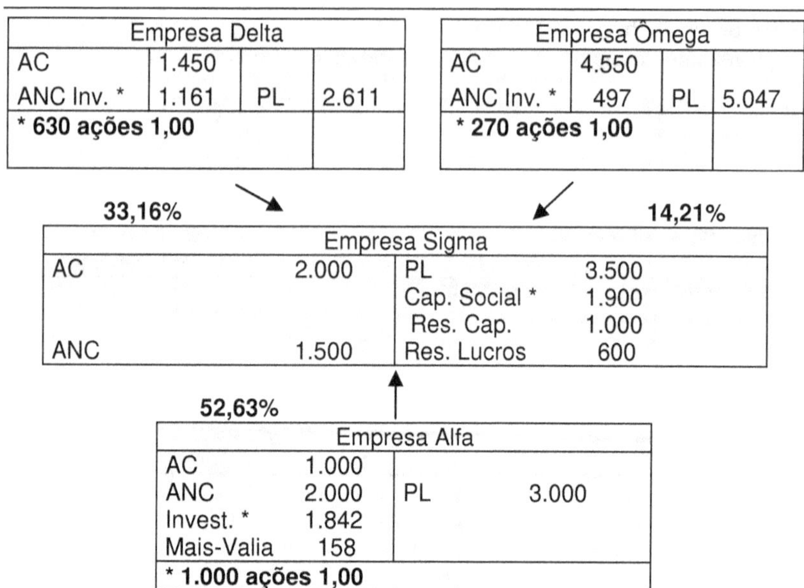

Figura 54: Situação patrimonial final após registros contábeis

1.3.9.4 Aquisição de ações em controladas adquiridas anteriormente com saldo de reservas

De acordo com o item 64 da Interpretação Técnica ICPC 09(R2) como a participação dos não controladores é integrante do patrimônio líquido da entidade consolidada, consequentemente, transacionar com os sócios não controladores é transacionar com sócios desse mesmo patrimônio líquido.

Assim, segundo o item 65 da Interpretação Técnica ICPC 09(R2), as negociações subsequentes em que a controladora adquire, dos sócios não controladores, novos instrumentos patrimoniais (ações ou cotas, por exemplo) de uma controlada, passam a se caracterizar como sendo transações entre a entidade e seus sócios, a não ser que seja uma alienação de uma investidora que caracterize a perda de controle de sua controlada, ou seja, trata-se de operações que se assemelham àquela em que a entidade adquire ações ou cotas de seus próprios sócios.

Portanto, se a controladora adquirir mais ações ou outros instrumentos patrimoniais de uma entidade que já controla, de acordo com o item 67 da Interpretação Técnica ICPC 09(R2), considerará esse valor como redução do seu patrimônio líquido (individual e consolidado). Semelhantemente, por exemplo, a uma compra de ações próprias (em tesouraria), inclusive com a característica de que eventual *goodwill* (ágio por expectativa de lucros futuros) nessa aquisição também é considerado como parte da redução do patrimônio líquido.

Para exemplificar tal situação, utilizando a situação inicial apresentada na Figura 47, supondo-se agora que a controladora Delta adquira mais 10% de participação na controlada Sigma pelo seu valor contábil $ 150 (1.500 x 10%), isto é, sem mais-valia ou *goodwill* (ágio). Nesse caso, como o valor justo é igual ao valor contábil e a operação foi realizada sem mais-valia ou *goodwill*, não há qualquer registro contábil no resultado do exercício, conforme apresentado na Figura 55.

Empresa Sigma

Não houve registros contábeis

Empresa Ômega

Investimento Sigma		Caixa		Capital subscrito	
(SI) 450	150 ①	(SI) 4.550			5.000 (SI)
		① 150			
		4.700			
300					

Empresa Delta

Caixa		Capital Subscrito		Investimento Sigma	
(SI) 1.450	150 ①		2.500 (SI)	(SI) 1.050	
				① 150	
				1.200	

① registro da aquisição de novas ações da investida Sigma por Delta

Figura 55: Registros contábeis da aquisição de ações em controladas sem *goodwill* com valor justo igual ao valor contábil

Ainda em relação ao exemplo apresentado anteriormente, caso o valor justo seja diferente do valor contábil, por exemplo, valor contábil $ 1.500 e valor justo $ 1.800, então a controladora Delta adquire mais 10% de participação na controlada Sigma pelo seu valor justo $ 180 (1.800 x 10%). Nessa hipótese, as empresas Delta e Ômega, quando da aquisição do seu investimento em Sigma, terão registrado a mais-valia do investimento em Sigma, isto é, a diferença entre o valor justo dos ativos líquidos e o seu valor contábil, consequentemente, o valor da mais-valia no investimento Sigma deve ser baixado proporcionalmente na investidora Ômega e registrada como transação de capital na controladora Delta, isto é, diretamente no patrimônio líquido. Nesse caso, também não há qualquer registro contábil no resultado do exercício, conforme apresentado na Figura 56.

Empresa Sigma

Não houve registros contábeis já que as ações foram compradas
pela investidora Delta diretamente da empresa Ômega

Empresa Ômega

Investimento Sigma		Caixa		Mais-Valia no Investimento Sigma	
(SI) 360	150 ①	(SI) 4.550		(SI) 90	30 ①
		① 180			
		4.730			
210					

Empresa Delta

Caixa		Mais-Valia no Investimento Sigma		Investimento Sigma	
(SI) 1.450	180 ①	(SI) 210		(SI) 840	
				① 150	
				990	

(-) Mais-valia em transações de capital*	
① 30	

① registro da aquisição de novas ações da investida Sigma por Delta
*conta retificativa do patrimônio líquido

Figura 56: Registros contábeis da aquisição de ações em controladas
sem *goodwill* com valor justo diferente do valor contábil

Ainda em relação ao exemplo apresentado anteriormente,
supondo-se que o valor justo seja igual ao valor contábil e a operação
seja realizada por $ 195, isto é, com o pagamento de *goodwill* (ágio
por expectativa de lucro futuro) de $ 45. Nessa hipótese, a empresa
Ômega registrará um ganho de capital na alienação de parte de seu
investimento em Sigma de $ 45, já que ela não é a controladora de
Sigma e a controladora Delta registrará um ágio na aquisição em
transações de capital de $ 45, diretamente no patrimônio líquido,
conforme apresentado na Figura 57.

Empresa Sigma

Não houve registros contábeis

Empresa Ômega

Investimento Sigma			Caixa		Ganhos de capital em investimentos	
(SI) 450	150	①	(SI) 4.550			45 ①
			① 195			
			4.700			
300						

Empresa Delta

Caixa			(-) Ágio na aquisição em transações de capital*		Investimento Sigma	
(SI) 1.450	195	①	① 45		(SI) 1.050	
					① 150	
					1.200	

① registro da aquisição de novas ações da investida Sigma pela controladora Delta

*conta retificativa do patrimônio líquido

Figura 57: Registros contábeis da aquisição de ações em controladas com *goodwill* e com valor justo igual ao valor contábil

1.3.9.5 Alienação de ações em controladas adquiridas anteriormente

No caso de alienação de ações em controladas, nos termos do item 67 da interpretação técnica ICPC 09(R2) combinado com a alínea *b* do item B98 do pronunciamento técnico CPC 36(R3), a não ser que por meio dela seja perdido o controle sobre a controlada, o resultado também é alocado diretamente ao patrimônio líquido, e não ao resultado do período.

Para exemplificar tal situação, utilizando a situação inicial apresentada na Figura 47, supondo-se agora que a controladora Delta venda 10% de sua participação na controlada Sigma por $ 200, isto é, com *goodwill* de $ 50, sabendo-se que o valor justo e o valor contábil são iguais. Nessa hipótese, a empresa Ômega registrará um *goodwill* na coligada Sigma de $ 50, já que ela não é controladora de Sigma e a controladora Delta registrará um ágio na alienação em transações de capital de $ 50, diretamente no patrimônio líquido, conforme apresentado na Figura 58.

Empresa Sigma

Não houve registros contábeis

Empresa Ômega

Investimento Sigma		Caixa		Goodwill no Investimento Sigma
(SI) 450		(SI) 4.550	200 ①	① 50
① 150				
		4.350		
600				

Empresa Delta

Caixa		ágio na alienação em transações de capital*		Investimento Sigma	
(SI) 1.450			50 ①	(SI) 1.050	150 ①
① 200					
				900	

① registro da venda de ações da investida Sigma para ômega por Delta
*conta pertencente ao patrimônio líquido

Figura 58: Registros contábeis da venda de ações em controladas com *goodwill* e com valor justo igual ao valor contábil

1.3.9.6 Combinação de negócios realizada em estágios

Quando o adquirente obtém o controle de uma adquirida na qual ele mantinha uma participação de capital imediatamente antes da data da aquisição, segundo o item 41 do pronunciamento técnico CPC 15, essa operação é denominada de combinação de negócios realizada em estágios ou simplesmente combinação de negócios em estágios.

Em combinação de negócios em estágios, nos termos do item 42 do pronunciamento técnico CPC 15(R1), o adquirente deve mensurar novamente sua participação anterior na adquirida pelo valor justo na data da aquisição e deve reconhecer no resultado do período o ganho ou a perda resultante, se houver.

Supondo-se, por exemplo, que em 31 de dezembro de 20X1, ainda em relação à Figura 47, que a empresa Ômega a qual possuía 30% de participação no capital da empresa Sigma, sem controlá-la, cujo valor justo é igual ao valor contábil, adquira mais 30% de participação de capital na empresa Sigma por $ 450 (1.500 x 30%), isto é, sem pagamento de *goodwill* ou mais-valia (ágio), obtendo o controle sobre ela. Nessa hipótese, não haverá nenhum registro no resultado do exercício, pois não existe ágio e o valor justo é igual ao valor contábil, conforme apresentado na Figura 59.

Empresa Sigma

Não houve registros contábeis

Empresa Ômega

Investimento Sigma		Caixa	
(SI) 450		(SI) 4.550	450 ①
① 450			
		4.100	
900			

Empresa Delta

Caixa		Investimento Sigma	
(SI) 1.450		(SI) 1.050	450 ①
① 450			
			600

① registro da compra de ações da investida Sigma de Delta por Ômega

Figura 59: Registros contábeis de uma combinação de negócios em estágios sem *goodwill* ou mais-valia e com valor justo igual ao valor contábil

Ainda em relação ao exemplo apresentado anteriormente, mas supondo-se que o valor justo dos ativos líquidos da investida Sigma seja de $ 1.800 e o valor contábil de $ 1.500 e que a compra de mais 30% de participação de capital na empresa Sigma tenha sido realizada por $ 540 (1.800 x 30%), isto é, sem pagamento de *goodwill* (ágio por expectativa de lucros futuros). Nessa hipótese, as empresas Delta e Ômega, quando da aquisição do seu investimento em Sigma, já teriam registrado a mais-valia do investimento em Sigma, isto é, a diferença entre o valor justo dos ativos líquidos e o seu valor contábil, consequentemente, o valor da mais-valia no investimento Sigma deve ser baixado proporcionalmente na investidora Delta (ex-controladora) e registrada como mais-valia na investida Sigma, na investidora Ômega, isto é, no subgrupo investimentos, haja vista que Ômega não era a controladora de Sigma no momento da aquisição. Nesse caso, também não há qualquer registro contábil no resultado do exercício, conforme apresentado na Figura 60.

Empresa Sigma

Não houve registros contábeis

Empresa Ômega

Investimento Sigma		Caixa		Mais-Valia no Investimento Sigma	
(SI) 360		(SI) 4.550	540 ①	(SI) 90	
① 450				① 90	
		4.010		180	
810					

Empresa Delta

Caixa		Mais-Valia no Investimento Sigma		Investimento Sigma	
(SI) 1.450		(SI) 210	90 ①	(SI) 840	450 ①
① 540					

① registro da aquisição de novas ações da investida Sigma por Delta

Figura 60: Registros contábeis da aquisição de ações em controladas sem *goodwill* com valor justo diferente do valor contábil

Com relação ao exemplo apresentado anteriormente, supondo-se que a empresa Ômega adquira mais 30% de participação de capital na empresa Sigma, cujo valor justo é igual ao valor contábil, por $ 515, isto é, com *goodwill* de $ 65 (515 - 450), obtendo o controle sobre ela. Nessa hipótese, a empresa Ômega registrará um *goodwill* na controlada Sigma de $ 65, já que ela não era a controladora de Sigma até essa aquisição e a investidora (ex-controladora) Delta registrará um ganho de capital de $ 65 no resultado do exercício, pois ela perdeu o controle da investida Sigma, conforme apresentado na Figura 61.

Empresa Sigma

Não houve registros contábeis

Empresa Ômega

Investimento Sigma		Caixa		Goodwill no Investimento Sigma	
(SI) 450		(SI) 4.550	515 ①	① 65	
① 450					
		4.035			
900					

Empresa Delta

Caixa		Ganhos de capital		Investimento Sigma	
(SI) 1.450			65 ①	(SI) 1.050	450 ①
① 515					
					600

① registro da compra de ações da investida Sigma de Delta por Ômega

Figura 61: Registros contábeis de uma combinação de negócios em estágios com ágio e com valor justo igual ao valor contábil

---

Além disso, de acordo com o item 42 do pronunciamento técnico CPC 15, em períodos contábeis anteriores, o adquirente pode ter reconhecido ajustes no valor contábil de sua participação anterior na adquirida, cuja contrapartida tenha sido contabilizada como outros resultados abrangentes (em Ajustes de Avaliação Patrimonial), em seu patrimônio líquido (por exemplo, porque os investimentos na adquirida foram classificados como disponíveis para venda). Nesse caso, o valor contabilizado pelo adquirente em outros resultados abrangentes deve ser reconhecido nas mesmas bases que seriam exigidas caso o adquirente tivesse alienado sua participação anterior na adquirida (ou seja, deve ser reclassificada para o resultado do exercício).

A fim de esclarecer a referida norma, a Figura 62 apresenta a situação inicial de um grupo de empresas para as quais se supõem que o valor justo seja igual ao valor contábil. Além disso, na empresa Ômega o investimento em Sigma foi classificado como disponível para venda.

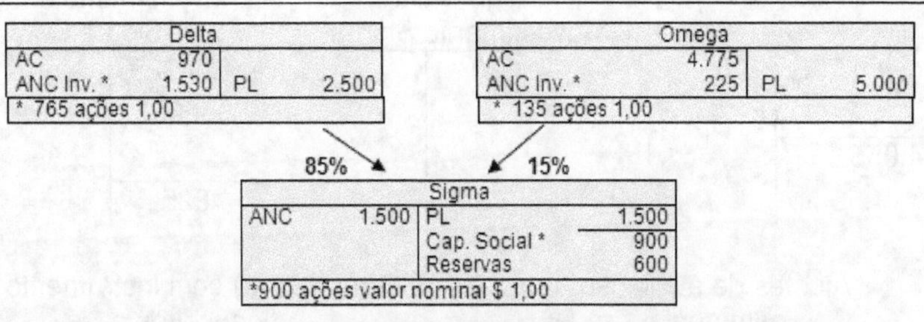

Figura 62: Situação inicial antes da combinação de negócios em estágios

Em relação à situação inicial apresentada na Figura 62, supondo-se, por exemplo, que em 31 de dezembro de 20X1 a empresa Ômega a qual possuía 15% de participação no capital da empresa Sigma (ativo financeiro disponível para venda), sem influência significativa, cujo valor justo é de $ 1.800 e o valor contábil é de $ 1.500, adquira mais 40% de participação de capital na empresa Sigma por $ 720 (1.800 x 40%), isto é, com pagamento de mais-valia, mas sem o pagamento de *goodwill*, obtendo o controle sobre ela. Nesse caso, a fim de simplificar o exemplo, não foram considerados os tributos diferidos.

Nessa hipótese, a empresa Delta baixará proporcionalmente o valor da mais-valia no investimento em Sigma e a empresa Ômega deverá reclassificar o saldo de ajustes de avaliação patrimonial para o resultado do exercício, conforme apresentado na Figura 63.

Empresa Sigma

Não houve registros contábeis

Empresa Delta

Investimento Sigma			Caixa		Mais-valia Investimento Sigma		
(SI) 1.275	600	①	(SI) 970		(SI) 255	120	①
			① 720				
675							

Empresa Ômega

Caixa			Mais-valia Investimento Sigma		Investimento em Sigma	
(SI) 4.775	720	①	① 120		(SI) 225	
					① 600	
4.055						
					825	

Ajustes de avaliação patrimonial		Ganho (perda) com instrumentos financeiros	
② 45	45 (SI)		45 ②

① registro da compra de ações da investida Sigma em Delta por Ômega
② pela reclassificação dos ajustes de avaliação patrimonial para o resultado do período

Figura 63: Registros contábeis de uma combinação de negócios em estágios de investimento disponível para venda sem *goodwill* e com valor justo diferente do valor contábil

1.3.10 Reavaliação de Ativos de Controladas e Ajustes de Avaliação patrimonial de Controladas

1.3.10.1 Reavaliação de Ativos de Controladas

A Lei nº 11.638/07 eliminou a possibilidade de as sociedades por ações efetuarem reavaliações espontâneas do seu ativo imobilizado, ao dar nova redação à letra "d" do § 2º do art. 178, ao § 3º do art. 182 e ao revogar o § 2º do art. 187 da Lei nº 6.404/76. Ademais, a nova lei deu a opção às companhias para manterem os saldos existentes dessa reserva, que deverão ser realizados de acordo com as regras atuais (Deliberação CVM nº 183/95) ou de estornarem esses saldos até o final do exercício social de 2008.

Além disso, de acordo com o item 41 do pronunciamento técnico CPC 13, em relação às reservas de reavaliação, as entidades devem observar a necessidade de uniformidade de tratamento entre a investidora e suas controladas e coligadas. A investidora deve determinar às suas controladas e recomendar às suas coligadas a adoção da mesma alternativa.

Caso a coligada adote alternativa diferente daquela recomendada pela investidora, esta deve ajustar as demonstrações contábeis da investida quando da adoção do método de equivalência patrimonial, a fim de manter a uniformidade de procedimentos. Portanto, não serão registradas novas reservas de reavaliação de ativos de controladas, mas as existentes poderão ser mantidas até a sua realização.

1.3.10.2 Ajustes de Avaliação Patrimonial de Controladas

Em relação aos ajustes de avaliação patrimonial (outros resultados abrangentes), segundo o item 10 do pronunciamento técnico CPC 18(R2), serão necessários ajustes no valor contábil do investimento pelo reconhecimento da participação proporcional do investidor nas variações de saldo dos componentes dos outros resultados abrangentes da investida, reconhecidos diretamente em seu patrimônio líquido.

A parte (percentual de participação possuído pelo investidor na investida) do investidor nessas mudanças é reconhecida de forma reflexa, ou seja, em ajustes de avaliação patrimonial (outros resultados abrangentes) diretamente no patrimônio líquido do investidor (CPC 26(R1)), e não no resultado do período.

Essa situação pode ser verificada, a partir do exemplo apresentado na Figura 64 em que a investidora Alfa, a qual possui 70% das ações votantes da controlada Ômega, registra um ajuste de avaliação patrimonial reflexo, em razão de a controlada haver ajustado seu ativo financeiro disponível para venda pelo seu valor justo.

Investidora Alfa (possui 70% das ações da Controlada Ômega)

Investimento na Controlada Ômega		Ajustes de avaliação patrimonial de controladas	
SI - 55.000			4.416 - 4
4 - 4.416			
59.416			

Controlada Ômega

Ativo financeiro disponível para venda		Ajustes de avaliação patrimonial		Bancos	
1- 80.000			8.300 -3	SI- 90.000	80.000 -1
2- 300				10.000	
3- 8.300					

(-) Tributos sobre ajustes de avaliação patrimonial (PL)		Tributos diferidos passivos (PNC)		Receita de juros	
3- 1.992			1.992 -3		300 -2

SI – saldos iniciais

1 – Pela aquisição de um ativo financeiro disponível para venda em 31-12-20X0

2 – Pela apropriação dos juros referentes ao instrumento financeiro em 31-12-20X1 no valor de $ 300

3 – Pelo ajuste a valor justo do ativo financeiro em 31-12-20X1 no valor de $ 8.000 e tributos de $ 1.920 (8.000 x 24%)

4 - Pelo ajuste de avaliação patrimonial reflexo de 4.416 [(8.300 - 1.992) x 70%]

Figura 64: Registros contábeis dos ajustes de avaliação patrimonial reflexos

1.3.11 Tratamento contábil do Goodwill ou Ganho por Compra Vantajosa

A partir da entrada em vigência do pronunciamento técnico CPC 15, isto é, nos exercícios encerrados a partir de dezembro de 2010, segundo o item 32 do referido dispositivo, o adquirente deve reconhecer o *goodwill* (ágio por rentabilidade futura), na data da aquisição, mensurado como o valor em que (a) exceder (b) abaixo:

(a) a soma:

(i) da contraprestação transferida (dinheiro, ações preferenciais, ações ordinárias, outros ativos etc.) em troca do controle da adquirida, em geral deve ser utilizado seu valor justo na data da aquisição;

(ii) do valor das participações de não controladores na adquirida, mensuradas por meio do produto entre o percentual de participação de não controladores e o valor justo do patrimônio líquido da investida; e

(iii) no caso de combinação de negócios realizada em estágios (quando a adquirente já possuía participação anterior na investida, sem controlá-la, e adquire um novo percentual dessa investida obtendo assim o seu controle), o valor justo, na data da aquisição, da participação do adquirente na adquirida imediatamente antes da combinação;

(b) o valor líquido, na data da aquisição, dos ativos identificáveis adquiridos e dos passivos assumidos, mensurados, geralmente, a valor justo.

É importante destacar que a redação dada pelo pronunciamento técnico CPC 15(R1) é incompatível com aquela dada ao art. 13 da instrução CVM nº 247/96 ainda em vigor. No entanto, tendo em vista que o tratamento contábil do *goodwill,* de acordo com o pronunciamento técnico CPC 15(R1), é mais recente (quando se trata de normas especiais de mesma hierarquia a lei nova revoga a antiga), bem como está de acordo com as normas internacionais emitidas pelo IASB, provavelmente, a CVM alterará a instrução CVM nº 247/96, a fim de compatibilizá-la com o pronunciamento técnico CPC 15(R1).

Além disso, de acordo com o item 6 do pronunciamento técnico CPC 15(R1), a investidora, em suas demonstrações contábeis individuais, deverá registrar o investimento adquirido segregando a parcela de:

• investimento, representado pela percentagem adquirida do capital da investida aplicada sobre o patrimônio líquido determinado a valor justo da entidade adquirida;

• ágio pago por expectativa de rentabilidade futura (*goodwill*), representado pela diferença positiva entre o valor pago (ou valores a pagar) e o montante líquido do valor justo dos ativos e passivos da entidade adquirida.

Portanto, antes do cálculo e do ajuste do saldo do investimento, os ativos e passivos da entidade adquirida devem ser ajustados, pela investidora, ao seu valor justo, inclusive os itens (como exemplo, ativos intangíveis e provisões para contingências) não registrados originalmente pela entidade adquirida, mas que são reconhecidos pela investidora como consequência da aquisição da participação societária.

No entanto, como nos registros contábeis originais da entidade adquirida, os ativos e passivos permanecerão registrados pelos valores históricos, sem que sejam refletidos os ajustes a valor justo, a investidora deverá identificar todos os itens que resultem em diferenças entre os valores contábeis e os valores justos, para fins de controle da amortização ou baixa nos seus registros contábeis, isto é, será necessário um controle extra contábil da diferença entre o valor justo e o valor contábil para fins de registro da amortização quando da realização do ativo ou passivo.

1.3.11.1 *Goodwill* em controladas

A fim de apurar o valor do *goodwill*, é necessário, quando da aquisição do investimento (instrumento patrimonial), seguir os seguintes passos:

1º ajustar as práticas contábeis relevantes da investida as da investidora (adquirente);

2º ajustar todos os ativos e passivos da investida pelo seu valor justo;

3º apurar o valor do *goodwill* pela diferença entre o valor pago ou a pagar e o valor da participação do investidor no patrimônio líquido ajustado da investida.

Assim, inicialmente, nos termos do item 19 da interpretação técnica ICPC 09(R2), os ativos e os passivos da entidade cujos instrumentos patrimoniais (normalmente ações ou cotas do capital social) foram adquiridos devem ser ajustados, mesmo que extracontabilmente, com relação a todas as práticas contábeis relevantes utilizadas pela adquirente. Devem ser considerados nessa categoria de ajuste extracontábil somente aqueles ajustes decorrentes de mudança de prática contábil aceita para outra prática contábil também aceita; portanto, mudanças de estimativas e correções de erros contábeis devem ser ajustadas nas próprias demonstrações contábeis da adquirida. Atentar para algumas raras hipóteses em que os Pronunciamentos, Interpretações e Orientações do CPC admitem diversidade de critérios.

A seguir, se acordo com o item 20 da interpretação técnica ICPC 09(R2), para fins de determinação do *goodwill* ou do ganho por compra vantajosa, todos os ativos e passivos da investida devem ser reconhecidos e mensurados conforme o pronunciamento técnico CPC 15(R1), cuja regra geral de mensuração é o valor justo (com algumas exceções a essa regra geral, previstas nos itens 22 a 31 do citado pronunciamento).

Esse procedimento pode fazer com que sejam reconhecidos (extracontabilmente na determinação do patrimônio líquido ajustado da controlada para fins de aplicação da equivalência patrimonial e/ou que sejam reconhecidos contabilmente para fins de consolidação das demonstrações contábeis) ativos e/ou passivos que não eram reconhecidos nas demonstrações contábeis da entidade cujo controle foi obtido.

Esse é o caso, por exemplo, de ativos intangíveis formados pela investida que não puderam ser reconhecidos contabilmente porque não atendem às condições previstas para tal no pronunciamento técnico CPC 04(R1), ou ainda de passivos contingentes não sujeitos ao reconhecimento contábil nas demonstrações da investida por força do pronunciamento técnico CPC 25, mas que possam ser reconhecidos na combinação de negócios, por atenderem às condições de reconhecimento previstas no item 23 do pronunciamento técnico CPC 15(R1), segundo o qual para o reconhecimento de um passivo contingente basta que sejam atendidas duas condições:

(i) ser uma obrigação presente que surge de eventos passados; e

(ii) ter seu valor justo mensurado com confiabilidade.

Isso porque, entre as regras gerais de reconhecimento previstas no referido pronunciamento, está a exigência de conformidade aos conceitos de ativo e passivo do pronunciamento conceitual básico do CPC, bem como a exigência de que o ativo seja identificável nos termos do pronunciamento técnico CPC 15(R1).

O montante correspondente à diferença entre o valor justo e o valor contábil do acervo líquido cujo controle foi obtido, de acordo com o item 21 da interpretação técnica ICPC 09(R2), deve ser considerado como ajuste extracontábil ao patrimônio líquido da entidade adquirida para fins do cômputo da equivalência patrimonial (nas demonstrações individuais da controladora), mesmo não estando refletido nas demonstrações contábeis individuais da entidade cujo controle foi obtido, e comporão também os saldos da entidade adquirida para fins de consolidação das demonstrações contábeis.

Segundo o item 23 da interpretação técnica ICPC 09(R2), na data da obtenção do controle, o montante do investimento decorrente de aquisição de controladas deve ser registrado nas demonstrações contábeis individuais da adquirente de forma segregada, para fins de controle e evidenciação, entre o valor do investimento proporcional ao percentual de participação sobre o patrimônio líquido ajustado (ajustado das práticas contábeis e pelo valor justo, o que inclui a mais ou menos-valia) e o *goodwill*, no grupo de investimentos do ativo não circulante da seguinte maneira:

- parcela relativa à equivalência patrimonial sobre o patrimônio líquido contábil da adquirida;

- parcela referente a diferença entre o valor justo dos ativos líquidos da adquirida e o seu valor contábil, a qual representa a mais-valia ou a menos-valia (ágio ou deságio por diferença de valor de mercado) derivada da diferença entre o valor justo e o valor contábil dos ativos líquidos da adquirida, considerando-se os efeitos tributários, conforme pronunciamento técnico CPC 32;

- *goodwill* (ágio por expectativa de lucro futuro), representado pela diferença positiva entre o valor pago (ou valores a pagar) e o montante proporcional adquirido do valor justo dos ativos líquidos da adquirida já líquidos do passivo fiscal diferido (ou acrescido do ativo fiscal diferido).

Assim, a partir da interpretação técnica ICPC 09(R2) deve-se considerar os tributos diferidos, se existirem, incidentes sobre o valor da mais-valia, no cálculo do *goodwill*. Esses tributos são registrados contabilmente nas demonstrações contábeis individuais da investidora como mais-valia e nas demonstrações consolidadas são reclassificados para a conta de tributos diferidos passivos.

É importante destacar que o *goodwill* gerado internamente (subjetivo) não deve ser reconhecido como ativo.

Nesse mesmo sentido, de acordo com o art. 421 do RIR/18, o contribuinte que avaliar investimento pelo valor de patrimônio líquido deverá, por ocasião da aquisição da participação, desdobrar o custo de aquisição em:

• parcela relativa à equivalência patrimonial sobre o patrimônio líquido contábil da adquirida;

• mais ou menos-valia, que corresponde à diferença entre o valor justo dos ativos líquidos da investida, na proporção da porcentagem da participação adquirida, e o valor de patrimônio líquido; e

• ágio por rentabilidade futura (*goodwill*), que corresponde à diferença entre o custo de aquisição do investimento e o somatório dos valores de que tratam os itens anteriores.

Portanto, o cálculo é similar ao exigido pelas normas do CPC, exceto que na mais ou menos-valia não são considerados os tributos diferidos, consequentemente, o valor do *goodwill* para fins fiscais será diferente do valor contábil.

De acordo com o § 1º do art. 421 do RIR/18, o valor patrimonial da mais ou menos-valia e do *goodwill* devem ser registrados em subcontas distintas na escrituração contábil.

Além disso, de acordo com § 2º do art. 421 do RIR/18, o valor da mais ou menos-valia deverá ser baseado em laudo elaborado por perito independente que deverá ser protocolado na Secretaria da Receita Federal do Brasil ou cujo sumário deverá ser registrado em Cartório de Registro de Títulos e Documentos, até o último dia útil do 13º (décimo terceiro) mês subsequente ao da aquisição da participação.

Ademais, conforme dispõe o § 3º do art. 421 do RIR/18, a aquisição de participação societária sujeita à avaliação pelo valor do patrimônio líquido exige o reconhecimento e a mensuração:

I - primeiramente, dos ativos identificáveis adquiridos e dos passivos assumidos a valor justo; e

II - posteriormente, do ágio por rentabilidade futura (*goodwill*) ou do ganho proveniente de compra vantajosa.

Em relação ao tratamento fiscal da amortização da mais ou menos-valia e do *goodwill*, conforme dispõe o art. 422 do RIR/18, a contrapartida da redução dos valores da mais ou menos-valia e do *goodwill*, não será computada na determinação do lucro real quando registrados contabilmente.

Posteriormente, segundo o parágrafo único do art. 422 do RIR/18, quando da alienação do investimento, a mais ou menos-valia e o *goodwill* serão computados no valor contábil do investimento para fins de apuração do ganho ou perda de capital, ainda que tenham sido realizados na escrituração comercial do contribuinte.

Portanto, o valor da amortização da mais-valia registrado na contabilidade deverá ser adicionado na apuração do lucro real e controlado na parte B do LALUR, para, posteriormente, quando da alienação do investimento, ser excluído na apuração do lucro real.

Em relação ao *goodwill*, como, em geral, o mesmo não é amortizado (somente é amortizado, no caso de pequenas e médias empresas) não há tributo diferido sobre o mesmo. Ademais, segundo a alínea *a* do item 15 do pronunciamento técnico CPC 32, a entidade não deve reconhecer passivos fiscais diferidos advindos de reconhecimento inicial do *goodwill*.

Pode-se exemplificar tal situação partindo da situação patrimonial e de valor justo da investida apresentada na Figura 65.

Empresa Beta

	Valor Contábil	Valor Justo
Estoques	$ 10.000	17.000
Imóveis	$ 45.000	70.000
Patentes	$ 10.000	20.000
Contas a pagar	$ .... <u>(5.000)</u>	<u>(10.000)</u>
	$ 60.000	97.000

Figura 65: Valor Contábil e Valor Justo dos Ativos Líquidos da Investida

---

Em relação à situação patrimonial e valor justo dos ativos líquidos da investida, apresentados na Figura 65, constata-se que existe uma mais-valia de $ 37.000 (97.000 - 60.000), consequentemente, sabendo-se que a alíquota de tributos a que a empresa está sujeita é de 24%, nesse caso, deve-se reconhecer um tributo diferido passivo de $ 8.880 (37.000 X 24%). Portanto, o valor justo dos ativos líquidos da investida é de $ 88.120 (97.000 - 8.880).

Assim, supondo-se que a empresa investidora Alfa adquiriu a totalidade do controle acionário da investida Beta em 02/01/x1 por $ 115.000 a vista em dinheiro, o valor do *goodwill* (ágio por expectativa de rentabilidade futura) será de $ 26.880, obtido pela diferença entre o valor pago e o valor justo dos ativos líquidos da investida ($ 115.000 - $ 88.120).

Por outro lado, para fins fiscais, o valor do *goodwill* é de $ 18.000 (115.000 - 97.000), sendo que a diferença de $ 8.880 (26.880 - 18.000) entre o valor do *goodwill* contábil e fiscal é exatamente igual ao valor do tributo diferido passivo.

Diferentemente do que ocorre nas normas internacionais, de acordo com os itens 23 e 27 da interpretação técnica ICPC 09(R2), a adquirente deve, na data da aquisição, reconhecer separadamente a parcela do *goodwill* (ágio por expectativa de lucro futuro) adquirido em uma combinação de negócios, bem como o valor da mais-valia (ágio por diferença de valor de mercado). Assim, a aquisição do investimento é registrada conforme apresentado na Figura 66.

D - Investimentos............................ 60.000
D - *Goodwill*.................................... 26.880
D - Mais-valia .... 28.120 (37.000 - 8.880)
C - Caixa... 115.000

Figura 66: Registro Contábil do *goodwill* em controlada

É importante destacar que essa evidenciação dos três componentes do investimento, de acordo com o item 27 da interpretação técnica ICPC 09(R2), obrigatoriamente deve ser evidenciada em notas explicativas, caso a evidenciação não tenha sido efetuada no balanço patrimonial. De qualquer forma, para facilitar a elaboração das demonstrações contábeis, bem como atender a exigências fiscais, no plano de contas da entidade deve haver previsão para os três componentes no subgrupo de investimentos.

No entanto, em razão do não registro do valor justo dos ativos líquidos na adquirida, é necessário que se faça um controle a parte (extra-contábil) a fim de que se possa, posteriormente, ajustar os valores da amortização dos ativos líquidos, quando da sua realização.

Esse papel de trabalho pode ser elaborado nos moldes da Figura 67, na qual é apresentado o valor da diferença entre o valor justo e o valor contábil, bem como o valor da sua amortização para os próximos três anos, embora na prática esse papel de trabalho englobe todos os exercícios futuros na qual a mais ou menos-valia (diferença entre o valor justo e o valor contábil) será amortizada.

Papel de Trabalho de Controle da amortização da mais-valia

			Amortização		
Item	**Diferença**	**Vida útil**	**X1**	**X2**	**X3**
Estoques	$ 7.000	Vendido em X1	$ 7.000	$ --	$ --
Imóveis	$ 25.000	20 anos	$ 1.250	$ 1.250	$ 1.250
Patentes	$ 10.000	10 anos	$ 1.000	$ 1.000	$ 1.000
Contas a pagar	$ (5.000)	Realizado em X1	$ (5.000)	$ --	$ --
Subtotal	$ 37.000		$ 4.250	$ 2.250	$ 2.250
Tributos diferidos passivos					
	$ (8.880)	24% s/ vlr. Realizado	$ (1.020)	$ (540)	$ (540)
Total	**$ 28.120**		**$ 3.230**	**$ 1.710**	**$ 1.710**

Figura 67: Papel de Trabalho do controle da amortização da mais-valia

Além disso, quando da preparação das demonstrações contábeis consolidadas, de acordo com a alínea "a" do item 34 da interpretação técnica ICPC 09(R2), a diferença entre o valor justo dos ativos e passivos adquiridos e o seu valor contábil, deve ser alocada diretamente aos correspondentes ativos e passivos e as parcelas realizadas (decorrentes de baixa, depreciação, amortização, venda ou liquidação) às respectivas rubricas da demonstração do resultado e o *goodwill* evidenciado separadamente no subgrupo ativos intangíveis, conforme apresentado na Figura 68.

ATIVO	$	<u>133.880</u>
Estoques	$	17.000
Imóveis	$	70.000
Patentes	$	20.000
Goodwill	$	26.880
PASSIVO E PATRIMÔNIO LÍQUIDO	$	<u>133.880</u>
Contas a pagar	$	10.000
Tributos diferidos passivos	$	8.880
Capital social	$	115.000

Figura 68: Apresentação do *goodwill* no Balanço Patrimonial Consolidado

No entanto, nas demonstrações contábeis individuais da controladora, segundo o item 26 da interpretação técnica ICPC 09(R2), o *goodwill* deve ser apresentado no subgrupo investimentos, uma vez que o *goodwill* é da investida, pois é dela a capacidade de geração de rentabilidade futura. Já para a investidora, individualmente, o *goodwill* representa parte do custo de seu investimento.

Da mesma forma que nas normas internacionais, segundo o item 19 do pronunciamento técnico CPC 15(R1), o *goodwill* (ágio pago por expectativa de rentabilidade futura) adquirido em uma combinação de negócios representa um pagamento realizado pela adquirente em antecipação de benefícios econômicos futuros a serem gerados por ativos que não possam ser identificados individualmente e reconhecidos separadamente.

Esses benefícios econômicos futuros podem advir da sinergia entre os ativos identificáveis adquiridos ou de ativos que, individualmente, não se qualificam para reconhecimento em separado nas demonstrações contábeis, mas pelos quais a adquirente esteja disposta a efetuar um pagamento por ocasião da operação de combinação de negócios.

Posteriormente, de acordo com a alínea "a" do item 23 da interpretação técnica ICPC 09(R2), quando da sua realização, a mais-valia (diferenças entre o valor justo e o valor contábil), deverá ser registrada, nas demonstrações contábeis da investidora como resultado de equivalência patrimonial em adição ao valor de equivalência patrimonial obtido diretamente das demonstrações contábeis da entidade adquirida, cujo resultado foi produzido com base nos valores históricos que ficaram registrados na entidade adquirida.

Portanto, a realização do anteriormente denominado ágio por diferença de valor de mercado (mais-valia) não será mais registrado como despesa de amortização de ágio, mas sim como resultado de equivalência patrimonial à medida que os ativos líquidos forem se realizando. Assim, o registro contábil da amortização da mais-valia (diferença entre o valor justo e o contábil) do período de 20X1, calculada de acordo com a Figura 67, será o apresentado na Figura 69.

D - Resultado de equivalência patrimonial..................	3.230
C - Mais-valia...	3.230

Figura 69: Registro da amortização da mais-valia

Em relação à Figura 69 é importante destacar que, em razão da não dedutibilidade da amortização da mais-valia, o valor da amortização da mais-valia deve ser controlado na parte B do LALUR; posteriormente, quando da alienação da investida, esse valor será excluído na apuração do lucro real na data da alienação do investimento.

Nos períodos seguintes, registro contábil similar deve ser realizado. Posteriormente, quando da alienação do investimento, o valor da mais-valia controlada na parte B do LALUR, deve ser considerada como custo de aquisição para fins de apuração do ganho ou perda de capital.

Em relação a amortização, o *goodwill* adquirido em uma combinação de negócios, de acordo com o item 25 da interpretação técnica ICPC 09(R2), não deve ser amortizado por ter a característica de possuir vida útil indeterminada. No entanto, a investidora deve testá-lo, de acordo com o pronunciamento técnico CPC 01(R1) - Redução ao Valor Recuperável de Ativos, no mínimo anualmente, ou quando acontecimentos ou alterações nas circunstâncias indicarem necessidade de redução de seu valor, em decorrência de perda de sua substância econômica.

1.3.11.2 *Goodwill* em coligadas e empreendimentos controlados em conjunto

Segundo o item 35 da interpretação técnica ICPC 09(R2), no caso de investimento em coligada ou em empreendimento controlado em conjunto, também os ativos líquidos identificáveis da investida (incluindo o passivo ou ativo fiscal diferido correspondente) na data da obtenção da influência significativa (ou do controle conjunto) devem ser mensurados a valor justo, bem como devem previamente ser ajustadas as demonstrações da investida às práticas contábeis da investidora, como mencionado para as controladas.

Um investimento em empreendimento controlado em conjunto ou em coligada, de acordo com o item 36 da interpretação técnica ICPC 09(R2), deve ser contabilizado na demonstração individual da investidora, usando-se o método da equivalência patrimonial a partir da data em que esta se torne empreendimento controlado em conjunto ou coligada.

Na aquisição do investimento, qualquer diferença entre o custo do investimento (montante dado em troca da participação comprada e mais o valor justo de participação pré-existente na investida, se houver) e a parte do investidor no valor justo líquido dos ativos e dos passivos identificáveis do empreendimento controlado em conjunto ou coligada (já líquido do passivo fiscal diferido ou acrescido do ativo fiscal diferido) deve ser contabilizada da mesma forma como descrito nesta Interpretação para investimento em controlada, exceto pelo que consta do item 37 a seguir.

No caso de aplicação da equivalência patrimonial em coligadas ou em empreendimentos controlados em conjunto, segundo o item 37 da interpretação técnica ICPC 09(R2), o ágio por expectativa de rentabilidade futura (*goodwill*) deve estar contido no saldo contábil do investimento a ser apresentado no balanço da entidade investidora, registrado dentro do subgrupo investimento no ativo não circulante, não podendo ser apresentado em separado no subgrupo dos ativos intangíveis.

Portanto, nos termos do item 38 da interpretação técnica ICPC 09(R2):

•o *goodwill* pertinente a empreendimento controlado em conjunto ou coligada deve estar contido no saldo contábil da conta de investimento e não deve ser amortizado de forma linear ou constante, sendo o investimento como um todo (ou seja, incluindo o *goodwill*) testado anualmente (ou com mais frequência caso existam evidências para tal) frente ao valor recuperável;

• a parcela do investidor no valor justo líquido dos ativos e passivos identificáveis da coligada ou empreendimento controlado em conjunto (já líquido do passivo ou ativo fiscal diferido) que superar o custo do investimento (o que resulta em ganho por compra vantajosa) deverá ser analisada (revisada) de acordo com o requerido pelo pronunciamento técnico CPC 15(R1), o que resultará, em situações particulares, no reconhecimento de ganho na entidade adquirente.

Em relação a mais ou menos-valia, de acordo com o item 39 da interpretação técnica ICPC 09(R2), no reconhecimento de participação em coligada ou em empreendimento controlado em conjunto, o valor da diferença entre a parcela do patrimônio líquido da adquirida com seus ativos e passivos avaliados a valor justo (incluindo o passivo ou ativo fiscal diferido) e o valor contábil dessa mesma parcela deve ser subdividido e tratado contabilmente como no caso do investimento em controlada.

Assim, em relação ao exemplo apresentado na Figura 65, caso a investidora Alfa adquirisse somente 30% das ações da investida Beta em 02/01/x1 por $ 35.000 a vista em dinheiro, o valor do *goodwill* será de $ 8.564, obtido pela diferença entre o valor pago e o valor justo dos ativos líquidos da investida ($ 35.000 - $ 26.436). constata-se que existe uma mais-valia de $ 37.000 (97.000 - 60.000) da qual a investidora participa com 30%, portanto, $ 11.100 (37.000 X 30%), consequentemente, sabendo-se que a alíquota de tributos a que a empresa está sujeita é de 24%, nesse caso, deve-se reconhecer um tributo diferido passivo de $ 2.664 (11.100 X 24%). Dessa forma, o valor justo dos ativos líquidos da investida é de $ 26.436 [(97.000 X 30%) - 2.664).

Por outro lado, para fins fiscais, o valor do *goodwill* é de $ 5.900 [35.000 – (97.000 X 30%)], sendo que a diferença de $ 2.664 (8.564 - 5.900) entre o valor do *goodwill* contábil e fiscal é exatamente igual ao valor do tributo diferido passivo.

Da mesma forma que ocorre nas normas internacionais, de acordo com o item 37 da interpretação técnica ICPC 09(R2), a adquirente deve, na data da aquisição, reconhecer a parcela do *goodwill* adquirido em uma combinação de negócios juntamente com o valor da participação e separadamente o valor da mais ou menos-valia. Assim, a aquisição do investimento é registrada conforme apresentado na Figura 70.

D - Investimentos............................... 26.564 [(60.000 X 30%) + 8.564]
D - Mais-valia .... 8.436 [(37.000 X 30%) - 2.664]
C - Caixa.. 35.000

Figura 70: Registro Contábil do *goodwill* em coligada

Nesse caso, o papel de trabalho para controle da amortização da mais-valia é o apresentado na Figura 71.

Papel de Trabalho de Controle da amortização da mais-valia

			Amortização		
Item	**Diferença**	**Vida útil**	**X1**	**X2**	**X3**
Estoques	$ 2.100	Vendido em X1	$ 2.100	$ --	$ --
Imóveis	$ 7.500	20 anos	$ 375	$ 375	$ 375
Patentes	$ 3.000	10 anos	$ 300	$ 300	$ 300
Contas a pagar	$ (1.500)	Realizado em X1	$ (1.500)	$ --	$ --
Subtotal	**$ 11.100**		$ 1.275	$ 675	$ 675
Tributos diferidos passivos	$ (2.664)	24% s/ vlr. Realizado	$ (306)	$ (162)	$ (162)
Total	**$ 8.436**		**$ 969**	**$ 513**	**$ 513**

Figura 71: Papel de Trabalho do controle da amortização da mais-valia

Posteriormente, o registro contábil da amortização da mais-valia (diferença entre o valor justo e o contábil) do período de 20X1, calculada de acordo com a Figura 71, será o apresentado na Figura 72.

D - Resultado de Equivalência patrimonial.............. 969
C - Mais-valia..969

Figura 72: Registro da amortização da mais-valia

Nos períodos seguintes, registro contábil similar deve ser realizado. Posteriormente, quando da alienação do investimento, o valor da mais-valia controlada na parte B do LALUR, deve ser considerada como custo de aquisição para fins de apuração do ganho ou perda de capital.

Em relação a amortização do *goodwill*, segundo o item 40 da interpretação técnica ICPC 09(R2), em regra, o *goodwill* é um ativo intangível de vida útil indefinida, razão pela qual não está sujeito à amortização sistemática ao longo do tempo, sendo, por outro lado, submetido ao menos anualmente a teste quanto ao seu valor recuperável.

No entanto, nos termos do item 41 da interpretação técnica ICPC 09(R2), podem existir situações em que a expectativa de lucros futuros tenha seu benefício econômico limitado no tempo (prazo definido). Isso pode ocorrer em situações onde o valor pago excedente ao valor justo dos ativos líquidos adquiridos decorra não só, por exemplo, de um direito de concessão com vida útil definida, mas também de efeitos sinérgicos que se espera venham a produzir aumento de rentabilidade, nesse caso, nos termos do item 43, existe a amortização e ela se faz durante essa vida útil, como tratado no pronunciamento técnico CPC 04(R1) e também a aplicação do teste de recuperabilidade do pronunciamento técnico CPC 01(R1).

O CPC entende, de acordo com o item 42 da interpretação técnica ICPC 09(R2), que não se caracteriza como *goodwill* o valor pago que se refira especificamente a direito de concessão, direito de exploração e assemelhados, inclusive quando adquirido em combinação de negócios onde a entidade adquirida seja uma concessionária, cujo direito à concessão tenha prazo conhecido e definido. O *goodwill* apenas existe na medida em que não haja condição de reconhecimento de ativo intangível identificável, conforme regras de reconhecimento do pronunciamento técnico CPC 15(R1).

1.3.11.3 Ganho por compra vantajosa

Por outro lado, de acordo com o item 34 do pronunciamento técnico CPC 15(R1), bem como o item 29 da interpretação técnica ICPC 09(R2), caso a participação da adquirente no valor justo líquido dos ativos e passivos identificáveis reconhecidos exceder o valor pago, a investidora deverá reconhecer o ganho, representado pelo valor do deságio apurado, diretamente no resultado do período na data de aquisição. Assim, o ganho por compra vantajosa (deságio), a exemplo do que ocorre nas normas internacionais, será registrado diretamente no resultado do período e não mais em uma conta retificativa do ativo.

Pode-se exemplificar tal situação partindo da situação patrimonial e de valor justo da investida apresentada na Figura 73.

Empresa Beta

	Valor Contábil	Valor Justo
Estoques	$ 17.000	17.000
Imóveis	$ 70.000	70.000
Patentes	$ 20.000	20.000
Contas a pagar	$ (10.000)	(10.000)
	$ 97.000	97.000

Figura 73: Valor Contábil e Valor Justo dos Ativos Líquidos da Investida

Em relação à situação patrimonial e valor justo dos ativos líquidos da investida, apresentados na Figura 73, supondo que a empresa investidora Alfa adquiriu a totalidade do controle acionário da investida Beta em 02/01/X1 por $ 85.000 a vista em dinheiro, o valor do ganho por compra vantajosa (deságio) será de $ 12.000, obtido pela diferença entre o valor pago e o valor justo dos ativos líquidos da investida ($ 85.000 - $ 97.000).

Da mesma forma que nas normas internacionais, de acordo com o item 34 do pronunciamento técnico CPC 15(R1), a adquirente deve, na data da aquisição, reconhecer o ganho por compra vantajosa (deságio) diretamente no resultado do período. Assim, sem considerar os aspectos fiscais, a aquisição do investimento é registrada conforme apresentado na Figura 74.

D - Investimentos	97.000
C - Ganhos por compra vantajosa	12.000
C - Caixa	85.000
D - Tributos a pagar (PC)	2.880
C - Tributos diferidos passivos (PNC)	2.880

Figura 74: Registro Contábil do ganho por compra vantajosa (deságio)

O diferimento dos tributos se faz necessário em razão do disposto no § 4º do art. 421 do RIR/18, segundo o qual o ganho proveniente de compra vantajosa, que corresponde ao excesso do valor justo dos ativos líquidos da investida, na proporção da participação adquirida, em relação ao custo de aquisição do investimento, somente será computado na determinação do lucro real no período de apuração da alienação ou baixa do investimento.

Portanto, o valor do ganho por compra vantajosa deverá ser excluído do lucro real e controlado na parte B do LALUR, para, posteriormente, quando da alienação do investimento, ser adicionado ao lucro real, consequentemente, deve-se registrar contabilmente os tributos diferidos passivos no valor de $ 2.880 (12.000 X 24%).

O ganho por compra vantajosa (deságio) pode ocorrer, em razão de uma venda forçada, em que a vendedora esteja agindo por compulsão. No entanto, segundo o item 36 do pronunciamento técnico CPC 15(R1), antes de reconhecer o deságio como ganho, a investidora deverá reanalisar o valor dos ativos e passivos para se certificar de que eles tenham sido corretamente avaliados, ajustando, se necessário, eventuais imperfeições. Portanto, a investidora deverá reanalisar os procedimentos adotados para calcular os valores que devem ser reconhecidos, na data de aquisição para todos os seguintes itens:

- os ativos identificáveis adquiridos e as obrigações assumidas;
- a participação minoritária na entidade adquirida, se houver;
- em uma combinação de negócios realizada em etapas, a participação societária detida anteriormente na entidade adquirida; e
- o valor de compra.

O objetivo dessa revisão é assegurar que os cálculos reflitam de forma adequada a consideração de todas as informações disponíveis na data de aquisição.

1.3.11.4 Tratamento fiscal do *goodwill* e do ganho por compra vantajosa

Em relação ao tratamento fiscal, de acordo com o art. 422 do RIR/18, a contrapartida da redução do ágio por rentabilidade futura (*goodwill*), inclusive mediante redução ao valor recuperável, não será computada na determinação do lucro real.

Por outro lado, conforme dispõe o § 4º do art. 421 do RIR/18, o ganho proveniente de compra vantajosa, que corresponde ao excesso do valor justo dos ativos líquidos da investida, na proporção da participação adquirida, em relação ao custo de aquisição do investimento, somente será computado na determinação do lucro real no período de apuração da alienação ou baixa do investimento.

1.3.12 Cálculo e registro do teste de *Impairment* do *Goodwill*

A partir do pronunciamento técnico CPC 04, segundo o item 107, o *goodwill* adquirido em uma operação de combinação de negócios não deve ser amortizado por ter a característica de possuir vida útil indeterminada.

Por outro lado, de acordo com o item B63 do pronunciamento técnico CPC 15(R1), bem como o item 25 da interpretação técnica ICPC 09(R2), a adquirente deve testá-lo, de acordo com o pronunciamento técnico CPC 01(R1), no mínimo, anualmente, ou quando acontecimentos ou alterações nas circunstâncias indicarem necessidade de redução de seu valor, em decorrência de perda de sua substância econômica. Essa obrigatoriedade está disposta na alínea "b" do item 10 do pronunciamento técnico CPC 01(R1).

Portanto, o *goodwill* não deve ser amortizado, mas testado anualmente para *impairment*.

Já o ganho por compra vantajosa (deságio) é registrado diretamente no resultado do exercício; consequentemente, não será amortizado nem testado para *impairment*.

De acordo com o item 80 do pronunciamento técnico CPC 01(R1), para fins de teste de redução ao valor recuperável, o *goodwill*, quando da sua aquisição, deve ser alocado a cada uma das unidades geradoras de caixa (ou grupo de unidades geradoras de caixa), as quais se beneficiarão das sinergias resultantes da aquisição. Portanto, cada unidade geradora de caixa ao qual o *goodwill* é alocado deverá:

• representar o menor nível dentro da entidade no qual o *goodwill* é monitorado para fins gerenciais internos; e

• não ser maior do que um segmento operacional, baseado tanto no formato de relatório primário como no secundário da entidade, determinado, quando aplicável, de acordo com o Relatório por Segmento quando essa forma de evidenciação for utilizada pela entidade.

A unidade geradora de caixa para a qual foi alocado o *goodwill*, conforme dispõe o item 90 do pronunciamento técnico CPC 01(R1), deverá ser anualmente testada para redução ao valor recuperável e sempre que houver uma indicação de que a unidade possa estar desvalorizada, ao comparar o valor contábil da unidade, incluindo o *goodwill,* com o valor recuperável da unidade.

Caso o valor recuperável da unidade ultrapassar seu valor contábil, a unidade geradora de caixa e o *goodwill* alocado àquela unidade deverão ser considerados como não estando desvalorizados.

No entanto, se o valor contábil de uma unidade ultrapassar seu valor recuperável, a entidade deverá reconhecer a perda por desvalorização com seu valor recuperável.

Nesse sentido, segundo o item 6 do pronunciamento técnico CPC 01(R1), considera-se valor recuperável de uma unidade geradora de caixa o maior valor entre o valor justo líquido de despesa de venda (valor de venda menos valor estimado das despesas de vendas) de um ativo e o seu valor em uso (valor presente dos fluxos de caixa futuros estimados).

Essa situação pode ser melhor compreendida por meio de exemplo de uma unidade geradora de caixa cujos valores contábeis e de valor recuperável dos ativos líquidos, são os apresentados na Figura 75.

	Valor Contábil	Valor Recuperável
Caixa...	$ 25.000	$ 25.000
Estoques......................................	$ 5.000	$ 5.000
Imóveis	$ 5.000	$ 5.000
Patentes	$ 5.000	$ 5.100
Contas a pagar.........................	$ (5.000)	$ (5.000)
Total Ativo Líquido (exceto *Goodwill*)	$ 35.000	$ 35.100
Goodwill.....................................	$ 30.350	$ 29.900
Valor da unidade geradora de caixa....$	65.350	$ 65.000
Perda por desvalorização..............	**$ 350**	

Figura 75: Cálculo da perda por desvalorização de uma unidade geradora de caixa 1ª hipótese

Em relação aos valores apresentados anteriormente cabe destacar que na coluna valor contábil são apresentados os valores dos ativos constantes das demonstrações financeiras da empresa e na coluna valor recuperável são apresentados os maiores valores entre o valor justo líquido de despesa de venda e o valor em uso dos ativos apurados na data da realização do teste de redução ao valor recuperável. Além disso, deve-se calcular o valor justo da unidade geradora como um todo, geralmente, utilizando-se a metodologia do fluxo de caixa descontado.

Nesse caso, como contábil da unidade geradora de caixa $ 65.350 excedeu o seu valor recuperável $ 65.000, uma perda por desvalorização será reconhecida e o seu valor será igual a do excesso. Esse valor é obtido conforme o apresentado na Figura 76.

Valor contábil da unidade geradora de caixa............... $ 65.350
Valor recuperável da unidade geradora de caixa .... $ <u>65.000</u>
Perda por desvalorização $ (350)

Figura 76: Teste de redução ao valor recuperável

Além disso, a alocação da perda por desvalorização, de acordo com o item 104 do pronunciamento técnico CPC 01(R1), deve ser, inicialmente, registrada contra o *goodwill* até o valor recuperável do mesmo e o valor excedente, se houver, proporcionalmente contra os demais ativos da unidade geradora, a menos que seja possível identificar os ativos individualmente.

Portanto, nessa hipótese, o registro contábil da perda com desvalorização da unidade geradora de caixa será inteiramente contra o *goodwill*, conforme apresentado na Figura 77.

D - perda por desvalorização (despesas operacionais) $ 350
C - perdas estimadas por valor não recuperável acumuladas do *goodwill** $ 350

* conta retificativa da conta *goodwill* no subgrupo investimentos

---

Figura 77: Registro contábil da perda por desvalorização da unidade geradora de caixa na 1ª hipótese

É importante destacar que, nessa hipótese, mesmo registrando a totalidade da perda $ 350 contra o *goodwill*, o mesmo ainda fica com seu valor contábil $ 30.000 (30.350 - 350) superior ao valor de recuperável $ 29.900.

Caso o valor da perda por desvalorização supere o valor recuperável do *goodwill* o valor excedente deve ser registrado contra os ativos efetivamente desvalorizados, ou proporcionalmente contra os demais ativos da unidade geradora de caixa, quando não for possível estimar o valor recuperável individualmente dos ativos. Assim, sendo possível avaliar individualmente os ativos da unidade geradora de caixa, o ajuste será efetuado diretamente nos ativos que sofreram a desvalorização, conforme o apresentado na Figura 78.

	Valor Contábil	Valor Recuperável
Caixa....................................	$ 25.000	$ 25.000
Estoques...............................	$ 5.000	$ 5.000
Imóveis	$ 5.000	$ 5.000
Patentes .... $	5.000 $	1.100
Contas a pagar.......................	$ (5.000)	$ (5.000)
Total Ativo Líquido (exceto *Goodwill*)	$ 35.000	$ 31.100
Goodwill...............................	$ 30.350	$ 29.900
Valor da unidade geradora de caixa....$	65.350	$ 61.000
Perda por desvalorização..............	**$ 4.350**	

Figura 78: Cálculo da perda por desvalorização de uma unidade geradora de caixa na 2ª hipótese

Nessa hipótese, o registro contábil da perda com desvalorização da unidade geradora de caixa é o apresentado na Figura 79.

D - perda com desvalorização (despesas operacionais) $ 4.350
C - perdas estimadas por valor não recuperável acumuladas do *goodwill** $ 450
C - perdas estimadas por valor não recuperável acumuladas de patentes** $ 3.900

* conta retificativa do *goodwill* no subgrupo investimentos
** conta retificativa de patentes no subgrupo intangível

Figura 79: Registro contábil da perda por desvalorização da unidade geradora de caixa na 2ª hipótese

É importante destacar, que nessa hipótese, ao ser registrada a perda por desvalorização, todos os ativos ficaram com seus valores contábeis idênticos ao valor recuperável.

No entanto, se não for possível identificar os ativos individualmente o ajuste será realizado proporcionalmente contra os demais ativos da unidade geradora. Todavia, conforme determina o item 105 do pronunciamento técnico CPC 01(R1), ao alocar a perda por desvalorização a entidade não deve reduzir o valor contábil de um ativo abaixo do valor mais alto na comparação entre:

• seu valor justo líquido de despesa de venda, se este puder ser determinado;

• seu valor em uso, se este puder ser determinado; e

• zero.

Assim, caso o valor da perda por desvalorização fosse superior ao valor do *goodwill*, o excesso seria alocado proporcionalmente aos demais ativos da unidade geradora de caixa, conforme hipótese apresentada na Figura 80.

	Valor Contábil	Valor Recuperável
Caixa...	$ 25.000	$ 25.000
Estoques..	$ 5.000	$ NI
Imóveis	$ 5.000	$ NI
Patentes	$ 5.000	$ NI
Contas a pagar............................	$ (5.000)	$ (5.000)
Total Ativo Líquido (exceto *Goodwill*)	$ 35.000	
Goodwill...	$ 2.350	
Valor da unidade geradora de caixa....	$ 37.350	$ 33.800
Perda por desvalorização...............	**$ 3.550**	

Figura 80: Cálculo da perda por desvalorização de uma unidade geradora de caixa na 3ª hipótese

Nessa hipótese, o registro contábil do ajuste será o apresentado na Figura 81.

D - perda com desvalorização (despesas operacionais)...$ 3.550

C - perdas estimadas por valor não recuperável do *goodwill**...$ 2.350

C - perdas estimadas por valor não recuperável acumuladas de estoques* (1.200 x (5.000 / 15.000))...$ 400

C - perdas estimadas por valor não recuperável acumuladas de imóveis*... (1.200 x (5.000 / 15.000))............................... $ 400

C - perdas estimadas por valor não recuperável acumuladas de patentes*..(1.200 x (5.000 / 15.000))...............................$ 400

* contas retificativas classificadas no mesmo grupo da conta que perdeu valor

Figura 81: Registro contábil da perda por desvalorização da unidade geradora de caixa na 3ª hipótese

Em relação ao registro contábil apresentado na Figura 81, verifica-se que, inicialmente, a perda por desvalorização foi alocada ao *goodwill* e o excesso de $ 1.200 (3.550 - 2.350), proporcionalmente aos demais ativos da unidade geradora de caixa. Além disso, é importante destacar que na alocação aos demais ativos não se deve considerar a conta caixa, tendo em vista o item 105 do pronunciamento técnico CPC 01(R1), o qual não permite que o ativo seja reduzido a um valor abaixo do seu valor em uso, da mesma forma foi procedido em relação as contas a pagar.

Em relação ao tratamento fiscal da perda por valor recuperável do *goodwill*, segundo o art. 439 do RIR/18, a contrapartida da redução do *goodwill* (ágio por rentabilidade futura), inclusive mediante redução ao valor recuperável, não será computada na determinação do lucro real. Portanto, o valor da perda por desvalorização do *goodwill*, por não ser dedutível, deve ser adicionado ao lucro real no período em que ocorrer o seu registro contábil.

É importante destacar que, para fins contábeis, deve ser constituída uma conta de tributos diferidos ativos, nos termos do pronunciamento técnico CPC 32, isto porque, de acordo com o art. 345 do RIR/18, o contribuinte poderá reconhecer na apuração do lucro real somente os valores contabilizados como redução ao valor recuperável de ativos que não tenham sido objeto de reversão, **quando ocorrer a alienação ou baixa** do bem correspondente.

Nesse caso, o valor da perda por desvalorização do ativo imobilizado registrada na escrituração contábil deve ser adicionado ao lucro real no período do seu registro contábil e controlado na parte B do LALUR. Posteriormente, a perda por desvalorização de ativos poderá ser excluída no lucro real do exercício em que o ativo for baixado ou alienado.

1.3.13 Investimentos com Patrimônio Líquido negativo

O valor do investimento avaliado pelo método de equivalência patrimonial, conforme visto anteriormente, reflete o produto entre o patrimônio líquido da investida e o percentual de participação no capital social da investidora nesse investimento. Em alguns casos, devido aos constantes prejuízos acumulados pela investida, o seu patrimônio líquido pode tornar-se negativo.

Todavia, no valor do investimento o reconhecimento está limitado ao próprio valor do investimento, isto porque, o prejuízo máximo que a investidora pode ter em relação a sua investida é o valor do investimento, já que a responsabilidade dos acionistas está limitada ao capital subscrito. Esse procedimento, em relação às controladas, está previsto no item 39A do pronunciamento técnico CPC 18(R2), segundo o qual no caso de controladas, deve ser observada a prática contábil que produzir o mesmo resultado líquido e o mesmo patrimônio líquido para a controladora que são obtidos por meio das demonstrações contábeis consolidadas. Já o tratamento contábil para as coligadas está disposto no item 38 do pronunciamento técnico CPC 18 (R2).

1.3.13.1 Controladas com Patrimônio líquido negativo

O registro da perda com equivalência patrimonial, no caso de controladas, será efetuado até que o valor do investimento chegue a zero, conforme o exemplo apresentado na Figura 82, na qual o valor do investimento na subsidiária integral Delta antes do registro da equivalência patrimonial é de $ 1.000 e o valor da equivalência patrimonial no período é de $ 1.320 de perda, caso fosse considerado o patrimônio líquido negativo, ou seja, Delta apresentou um patrimônio líquido de $ 320.

É importante enfatizar que se não for registrado o valor excedente ao valor contábil do investimento na controlada (a exemplo do que ocorre no caso de coligadas) o valor do patrimônio líquido da controladora será diferente do valor do patrimônio líquido consolidado, portanto, em desacordo com o item 39A do pronunciamento técnico CPC 18(R2).

Resultado de equivalência patrimonial		Investimento Controlada Delta		Perdas estimadas no investimento Delta	
1- 1.320		SI - 1.000	1.000 -1		320 -1

1- registro da equivalência patrimonial

Figura 82: Registro da equivalência patrimonial em Controlada com patrimônio líquido negativo

Em relação à Figura 82 é importante observar que, embora o valor da perda com equivalência patrimonial seja de $ 1.320, o valor máximo que pode ser registrado é de $ 1.000, pois esse é o valor que zera o valor do investimento em Delta.

Nos exercícios seguintes, se ocorrerem novas perdas, ou um lucro inferior aos prejuízos acumulados, não haverá registro de equivalência patrimonial. Somente será registrada equivalência patrimonial em relação a esse investimento a partir do momento que os lucros suplantarem os prejuízos acumulados, convertendo-os, então, em lucros acumulados, conforme o exemplo apresentado em continuação ao exemplo anterior, na qual no exercício seguinte, a investida Delta obtém um lucro de $ 500, consequentemente o seu patrimônio líquido passa a ser de $ 180 (500 - 320), nesse caso, o registro do resultado da equivalência patrimonial será o apresentado na Figura 83.

Investimento em Delta		Resultado de equivalência patrimonial	
(si) 0		180	
180			
180			

Figura 83: Registro da equivalência patrimonial em investimento com patrimônio líquido positivo

No caso do patrimônio líquido da investida tornar-se negativo e a investidora possuir *goodwill* ou mais-valia na aquisição desse investimento, deve-se verificar o caso concreto a fim de determinar se o mesmo deve ou não ser baixado, por exemplo, se a fundamentação econômica for mais valia (ágio for diferença de valor de mercado) de um determinado ativo da investida e o bem permanecer com seu valor de mercado acima do valor contábil, nesse caso, a mais-valia deve ser mantida. Porém, no caso de *goodwill* (ágio fundamentado em expectativa de lucros futuros), como essa expectativa não se realizou o mesmo deve ser baixado.

1.3.13.2 Aquisição de investidas com patrimônio líquido negativo

Pode ocorrer ainda uma outra situação na qual a investidora adquire um investimento em uma controlada que será avaliada pelo método de equivalência patrimonial, porém, o seu patrimônio líquido na data da aquisição do investimento é negativo. Supondo-se, por exemplo, que a investidora Alfa adquira 100% das ações da investida Delta, por seu valor justo de $ 850, sendo que o patrimônio líquido de delta na data da aquisição seja negativo de $ 1.200, nessa hipótese, a investidora pagou uma mais valia (ágio cujo fundamento econômico é diferença de valor de mercado) referente a um terreno no valor de $ 2.050 (850 + 1200) na aquisição do investimento em Delta e o registro contábil é o apresentado na Figura 84.

Investimento em Delta	Mais-valia no investimento Delta	Bancos
1.200	2.050	850

Figura 84: Registro da aquisição de um investimento com patrimônio líquido negativo

Efetuando-se o registro apresentado na Figura 84, o valor do investimento líquido da mais-valia, que será apresentado no balanço patrimonial, é positivo conforme demonstrado na Figura 85.

Investimentos	**850**
Participação em Delta	(1.200)
Mais-valia no investimento em Delta	2.050

Figura 85: Apresentação dos investimentos no balanço patrimonial

Em relação ao tratamento fiscal dos investimentos com valor de patrimônio líquido negativo, ele é idêntico ao adotado segundo a CPC, sendo que o ágio ou deságio na aquisição do investimento somente será tributado quando da alienação ou baixa do investimento.

1.3.13.3 Coligadas ou Empreendimentos controlados em conjunto com patrimônio líquido negativo

Além disso, em relação às coligadas ou empreendimento controlado em conjunto, segundo o item 38 do pronunciamento técnico CPC 18(R2), quando a parte do investidor nos prejuízos do período da coligada ou empreendimento controlado em conjunto se igualar ou exceder o saldo contábil de sua participação na coligada ou empreendimento controlado em conjunto, o investidor suspende o reconhecimento de sua parte em perdas futuras.

Nesse sentido, considera-se como participação na coligada ou empreendimento controlado em conjunto o valor contábil do investimento nessa coligada ou empreendimento controlado em conjunto, avaliado pelo método de equivalência patrimonial, juntamente com alguma participação de longo prazo que, em essência, constitui parte do investimento líquido total do investidor na coligada ou empreendimento controlado em conjunto.

Tais componentes podem incluir ações preferenciais, bem como recebíveis ou empréstimos de longo prazo com a investidora. No entanto, não incluem componentes como recebíveis ou exigíveis de natureza comercial ou algum recebível de longo prazo para os quais existam garantias adequadas, tais como empréstimos garantidos.

Suponha, por exemplo, que a investidora Alfa possua 40% das ações votantes da coligada Beta, cujo capital social é de $ 4.000 (composto de 2.000 ações ordinárias e 2.000 ações preferenciais) e o saldo de reservas é de $ 1.200, totalizando um patrimônio líquido de $ 5.200. Além disso, a investidora possui 500 ações preferenciais da coligada Beta, bem como um saldo a receber da coligada em longo prazo de $ 400, um saldo a pagar em longo prazo de $ 300 e um saldo de contas a receber comercial (clientes) da coligada Beta de $ 630. Nesse caso, o valor da participação na coligada é obtido de acordo com o apresentado na Figura 86.

Participação na coligada ações votantes	1.040 (20%* x 5.200)
Participação na coligada ações preferenciais	650 (12,5%** x 5.200)
Contas a receber da coligada de longo prazo	400
Contas a pagar para coligada de longo prazo	(300)
Participação na coligada	**1.790**

*40% das ações votantes equivale a 20% de participação no capital total [(40% x 2.000)/4.000]
**500 ações preferenciais equivalem a 12,5% de participação no capital total (500 / 4.000)

Figura 86: Cálculo da participação na coligada Beta

Em relação ao cálculo apresentado na Figura 86 é importante destacar que o saldo comercial a receber (clientes) da coligada Beta de $ 630, não é computado no valor da participação na coligada, apenas os créditos de longo prazo (geralmente, contratos de mútuo) é que devem ser computados no cálculo da participação na coligada.

Segundo o item 38 do pronunciamento técnico CPC 18(R2), o prejuízo reconhecido pelo método de equivalência patrimonial que exceda o investimento em ações ordinárias do investidor deve ser aplicado aos demais componentes que constituem a participação do investidor na coligada ou empreendimento controlado em conjunto em ordem inversa de sua antiguidade (isto é prioridade na liquidação).

Além disso, conforme determina o item 39 do pronunciamento técnico CPC 18(R2), após reduzir a zero o saldo contábil da participação do investidor, perdas adicionais são consideradas, e um passivo é reconhecido somente na extensão em que o investidor tenha incorrido em obrigações legais ou construtivas (não formalizadas) de fazer pagamentos por conta da coligada ou empreendimento controlado em conjunto.

Nesse sentido, em relação ao exemplo apresentado na Figura 86, suponha que no exercício seguinte a coligada Beta tenha um prejuízo líquido do exercício de $ 5.600. Nesse caso, o valor do resultado de equivalência patrimonial será de $ 1.820 [5.600x (20% + 12,5%)]. Supondo-se ainda que a investidora não tenha incorrido em obrigações legais ou construtivas de fazer pagamentos por conta da coligada Beta; nessa hipótese, os registros contábeis são os apresentados na Figura 87.

Investimento Coligada Beta	Contas a receber Coligada Beta - LP	Contas a pagar Coligada Beta - LP
SI- 1.690 │1.690 -1	SI - 400 │400　-1	1-　300 │300 - SI

Resultado de equivalência patrimonial	Clientes
1-　1.790 │	SI -　630 │

SI - Saldo inicial
1 - registro da equivalência patrimonial

Figura 87: Registro da Equivalência patrimonial em coligada com patrimônio líquido negativo sem prestação de garantias

Em relação aos registros contábeis evidenciados na Figura 87, é importante destacar que embora o resultado de equivalência patrimonial tenha sido de $ 1.820, foi registrado apenas o valor da participação na coligada, isto é, $ 1.790 porque a investidora Alfa não incorreu em obrigações legais ou construtivas de fazer pagamentos por conta da coligada Beta.

Todavia, se a investidora Alfa houvesse incorrido em obrigações legais ou construtivas de fazer pagamentos por conta da coligada Beta, por exemplo, constituiu fiança em relação ao aluguel de imóvel da coligada Beta, os registros contábeis seriam os apresentados na Figura 88.

Investimento Coligada Beta		Contas a receber Coligada Beta - LP		Contas a pagar Coligada Beta - LP	
SI- 1.690	1.690 -1	SI - 400	400 -1	1- 300	300 - SI

Resultado de equivalência patrimonial		Clientes		Aluguéis a pagar da coligada Beta	
1- 1.820		SI- 630			30 -1

SI - Saldo inicial
1- registro da equivalência patrimonial

Figura 88: Registro da Equivalência patrimonial em coligada com patrimônio líquido negativo com prestação de garantias

Ademais, caso a coligada subsequentemente apurar lucros, o investidor retoma o reconhecimento de sua parte nesses lucros somente após o ponto em que a parte que lhe cabe nesses lucros posteriores se igualar à sua parte nas perdas não reconhecidas, a exemplo do que ocorre no caso de controladas apresentado anteriormente.

REFERÊNCIAS

AICPA. **Accounting and auditing for related parties and related party transactions**. Prepared by the staff of the American Institute of Certified Public Accountants. Disponível em: <ftp.aicpa.org/public/download/news/relpty_toolkit.doc>. Acesso em: 28 dez. 2002.

ALMEIDA, Marcelo Cavalcanti. **Contabilidade avançada**: de acordo com as novas exigências do MEC para o curso de Ciências Contábeis: textos, exemplos e exercícios resolvidos. São Paulo: Atlas, 1997.

ANDRADE, Guy Almeida. A universalização da linguagem contábil. **Revista Brasileira de Contabilidade**, Brasília, n. 135, p. 17-21, maio/jun. 2002.

ASSOCIAÇÃO BRASILEIRA DE NORMAS TÉCNICAS. **NBR 10520**: Informação e documentação – Apresentação de citações em documentos. Rio de Janeiro: ABNT, 2001.

ASSOCIAÇÃO BRASILEIRA DE NORMAS TÉCNICAS. **NBR 14724**: Informação e documentação – Trabalhos acadêmicos – Apresentação. Rio de Janeiro: 2001.

BASSO, Maristela. **Joint Ventures**: manual prático das associações empresariais. Porto Alegre: Livraria do Advogado, 1998.

BEAMS, Floyd A. **Advanced Accounting**. 6.ed. New Jersey: Prentice-Hall, 1996.

BOLSA DE VALORES DO ESTADO DE SÃO PAULO: **Novo mercado**. Disponível em: <(www.bovespa.com.br>. Acesso em: 28 nov. 2002.

BRAGA, Hugo Rocha. A nova lei das S.A exigirá transparência na Contabilidade. **Mensário Brasileiro de Contabilidade**, Rio de Janeiro, n. 86, p. 2, mar./abr. 2002.

BRASIL. **Lei das sociedades por ações. Lei nº 6.404, de 15 de dezembro de 1976**: alterada pela Lei nº 9.457, de 05 de maio de 1997. 26.ed. São Paulo: Atlas, 1998.

BRASIL. Lei nº 10.303, de 31 de outubro de 2001. Altera e acrescenta dispositivos na Lei nº 6.404 de 15 de dezembro de 1976 e na Lei n.º 6.385, de 7 de dezembro de 1976. **Diário Oficial da União**, Brasília, 01 nov. 2001.

BRASIL. Lei nº 10.637, de 30 de dezembro de 2002. Dispõe sobre a não cumulatividade na cobrança da contribuição para os programas de Integração Social (PIS) e de formação do Patrimônio do Servidor Público (PASEP), nos casos que especifica: sobre o pagamento e o parcelamento de débitos tributários federais, a compensação de créditos fiscais, a declaração de inaptidão de inscrições de pessoas jurídicas, a legislação aduaneira, e dá outras providências. **Diário Oficial da União**, Brasília, 31 dez. 2002.

BRASIL. Lei n.º 12.973, de 14 de maio de 2014. Altera a legislação tributária federal relativa ao Imposto sobre a Renda das Pessoas Jurídicas (IRPJ), à Contribuição Social sobre o Lucro Líquido (CSLL), à Contribuição para o PIS/Pasep e à Contribuição para o Financiamento da Seguridade Social (Cofins); revoga o Regime Tributário de Transição (RTT). **Diário Oficial da República Federativa do Brasil**, Brasília, 2014.

BRASIL. **Decreto n.º 9.580, de 22 de novembro de 2018.** Regulamenta a tributação, a fiscalização, a arrecadação e a administração do Imposto sobre a Renda e Proventos de Qualquer Natureza.

BRASIL. **Deliberação CVM n.º 557, de 12 de novembro de 2008.** Aprova pronunciamento técnico CPC 09 do Comitê de pronunciamentos contábeis, que trata da demonstração do valor adicionado, 2008.

BRASIL. **Deliberação CVM n.º 640, de 07 de outubro de 2010.** Aprova pronunciamento técnico CPC 02(R2) do Comitê de pronunciamentos contábeis, que trata de efeitos das mudanças nas taxas de câmbio e conversão de demonstrações contábeis, 2010.

BRASIL. **Deliberação CVM n.º 642, de 07 de outubro de 2010.** Aprova pronunciamento técnico CPC 05(R1) do Comitê de pronunciamentos contábeis, que trata da divulgação de partes relacionadas, 2010.

BRASIL. **Deliberação CVM n.º 665, de 04 de agosto de 2011.** Aprova pronunciamento técnico CPC 15(R1) do Comitê de pronunciamentos contábeis, que trata de combinação de negócios, 2011.

BRASIL. **Deliberação CVM n.º 666, de 04 de agosto de 2011.** Aprova pronunciamento técnico CPC 19(R1) do Comitê de pronunciamentos contábeis, que trata de demonstrações consolidadas, 2011.

BRASIL. **Deliberação CVM n.º 667, de 04 de agosto de 2011.** Aprova pronunciamento técnico CPC 35(R1) do Comitê de pronunciamentos contábeis, que trata de demonstrações separadas, 2011.

BRASIL. **Deliberação CVM n.º 683, de 30 de agosto de 2012.** Aprova a Interpretação Técnica ICPC 08(R1) do Comitê de Pronunciamentos Contábeis, que trata da contabilização da proposta de pagamento de dividendos, 2012.

BRASIL. **Deliberação CVM n.º 687, de 04 de outubro de 2012.** Aprova interpretação técnica ICPC 09(R1) do Comitê de pronunciamentos contábeis, que trata de demonstrações contábeis individuais, demonstrações separadas, demonstrações consolidadas e aplicação do método da equivalência patrimonial, 2012.

BRASIL. **Deliberação CVM n.º 694, de 23 de novembro de 2012.** Aprova pronunciamento técnico CPC 19(R2) do Comitê de pronunciamentos contábeis, que trata de demonstrações consolidadas, 2012.

BRASIL. **Deliberação CVM n.º 676, de 13 de dezembro de 2012.** Aprova pronunciamento técnico CPC 26(R1) do Comitê de pronunciamentos contábeis, que trata da apresentação das demonstrações contábeis, 2012.

BRASIL. **Deliberação CVM n.º 696, de 13 de dezembro de 2012.** Aprova pronunciamento técnico CPC 18(R2) do Comitê de pronunciamentos contábeis, que trata de investimento em coligada e em controlada, 2012.

BRASIL. **Deliberação CVM n.º 698, de 20 de dezembro de 2012.** Aprova pronunciamento técnico CPC 36(R3) do Comitê de pronunciamentos contábeis, que trata de investimento em empreendimento conjunto, 2012.

BRASIL. **Deliberação CVM n.º 718, de 17 de dezembro de 2013.** Aprova documento de revisão de pronunciamentos técnicos nº 3 referentes aos Pronunciamentos CPC 01 (R1), CPC 02 (R2), CPC 03 (R2), CPC 04 (R1), CPC 05 (R1), CPC 06 (R1), CPC 07 (R1), CPC 10 (R1), CPC 11, CPC 15 (R1), CPC 16, CPC 19 (R2), CPC 21 (R1), CPC 23, CPC 24, CPC 26 (R1), CPC 27, CPC 28, CPC 29, CPC 31, CPC 32, CPC 36 (R3), CPC 37 (R1), CPC 38, CPC 39 e CPC 41 emitidos pelo Comitê de Pronunciamentos Contábeis, 2013.

BRASIL. **Deliberação CVM n.º 723, de 14 de agosto de 2014.** Aprova o Documento de Revisão de Pronunciamentos Técnicos nº 04 referente aos Pronunciamentos CPC 03 (R2), CPC 05 (R1), CPC 15 (R1), CPC 21 (R1), CPC 31, CPC 32, CPC 35 (R2), CPC 36 (R3), CPC 37 (R1), CPC 38, CPC 39, CPC 40 (R1) e CPC 45 emitidos pelo Comitê de Pronunciamentos Contábeis, 2014.

BRASIL. **Deliberação CVM n.º 724, de 14 de agosto de 2014.** Aprova o Documento de Revisão de Pronunciamentos Técnicos nº 05 referente aos Pronunciamentos CPC 01 (R1) e CPC 38 emitidos pelo Comitê de Pronunciamentos Contábeis.

BRASIL. **Deliberação CVM n.º 729, de 27 de novembro de 2014.** Aprova interpretação técnica ICPC 09(R2) do Comitê de pronunciamentos contábeis, que trata de demonstrações contábeis individuais, demonstrações separadas, demonstrações consolidadas e aplicação do método da equivalência patrimonial, 2014.

CATLETT, George R.; OLSON, Norman O. Accounting for goodwill. **Accounting Research Study**, New York, American Institute of Certified Public Accountants, n. 10, 1968.

CARVALHOSA, Modesto. **Comentários à lei de sociedades anônimas**: Lei nº 6.404, de 15 de dezembro de 1976. São Paulo: Saraiva, 1997. v. 2.

CARVALHOSA, Modesto. **Comentários à lei de sociedades anônimas**: Lei nº 6.404, de 15 de dezembro de 1976. São Paulo: Saraiva, 1997. v. 3.

CARVALHOSA, Modesto. **Comentários à lei de sociedades anônimas**: Lei nº 6.404, de 15 de dezembro de 1976. São Paulo: Saraiva, 1997. v. 4. tomo II.

CERVO, Amado Luiz; BERVIAN, Pedro Alcino. **Metodologia científica**. 4.ed. São Paulo: MaKron Books, 1996.

CHATFIELD, Michael; VANGERMEERSCH, Richard. **The History of accounting**: an international encyclopedia. New York: Garland Publishing, Inc., 1996.

CHOI, Frederick D. S.; MUELLER, Gerhard G. **International accounting**. 2. ed. New Jersey: Prentice-Hall, 1992.

CLARK, Myrtle W. Evolution of Concepts of Minority Interest. **The Accounting Historians Journal**, v. 20, n. 1, p. 59-78, jun. 1993.

COELHO, Fábio Ulhoa. **Manual de direito comercial**. São Paulo: Saraiva, 1999.

COLINS COBUILD. **Student´s Dictionary**: Bridge Bilingual Portuguese. London: HarperCollins Publishers, 1995.

COMISSÃO DE VALORES MOBILIÁRIOS. Disponível em: <www.cvm.gov.br>. Acesso em: 18. jul. 2002.

COMISSÃO DE VALORES MOBILIÁRIOS. Instrução nº 247 de 27 de março de 1996. Companhias abertas: Estabelece critérios para avaliação de investimentos em coligadas e controladas e para a elaboração de demonstrações financeiras consolidadas. **Diário Oficial da União**, Brasília, 29 mar. 1996.

COMISSÃO DE VALORES MOBILIÁRIOS. Instrução nº 285, de 31 de julho de 1998. Companhias abertas: Estabelece critérios para amortização de ágio e deságio em investimentos avaliados pelo método de equivalência patrimonial. **Diário Oficial da União**, Brasília, 06 ago. 1998.

CONSELHO REGIONAL DE CONTABILIDADE DO RIO GRANDE DO SUL. **Princípios fundamentais de contabilidade e normas brasileiras de contabilidade**. 17.ed. Porto Alegre: CRC-RS, 2000.

COPELAND, Tom; KOLLER, Tim; MURRIN, Jack. **Avaliação de empresas**. São Paulo: Makron, 2000.

ECO, Umberto. **Como se faz uma tese**. 14.ed. São Paulo: Perspectiva, 1996.

ERNST & YOUNG. **IAS/US GAAP Ccomparison**: a comparison between IAS and US accounting principles written by the Financial Reporting Group of Ernst & Young. London: Ernst & Young, 2000.

FACHIN, Odília. **Fundamentos de metodologia**. 3.ed. São Paulo: Saraiva, 2001.

FINANCIAL ACCOUNTING STANDARDS BOARD. **FAS 141**: Business Combination. Issued Date: june, 2001.

JOHN WILEY & SONS. FAS 142: **Goodwill and other intangible** Assets. Issued Date: June, 2001.

JOHN WILEY & SONS. **Original pronouncements**: accounting standards, 1995/96. New York: John Wiley & Sons, 1995. 2.v.

JOHN WILEY & SONS. **Original pronouncements**: accounting standards, 1996/97. New York: John Wiley & Sons, 1996. 2.v.

JOHN WILEY & SONS. **Consolidations**: policy and procedures. Disponível em <www.fasb.org/project/consol.htm>. Acesso em: 22 dez. 2002.

FURASTÉ, Pedro Augusto. **Normas técnicas para o trabalho científico**: explicitação das normas da ABNT. 11.ed. Porto Alegre: s.n., 2002.

GIL, Antonio Carlos. **Como elaborar projetos de pesquisa**. 3.ed. São Paulo: Atlas, 1991.

HARIED, Andrew A.; IMDIEKE, Leroy F.; SMITH, Ralph F. **Advanced accounting**. 6.ed. New York: Wiley, 1994.

HARTGRAVES, Al L.; BENSTON, George J. The evolving accounting standards for special purpose entities and consolidations. **Accounting Horizons**. v. 16, n. 3, p. 245-258, set. 2002.

HATFIELD, Henry R. Accounting: **Its principles and problems**. New York: D. Appleton, 1927.

HENDRIKSEN, Eldon S.; BREDA, Michel F Van. **Teoria da contabilidade**. 5.ed. São Paulo: Atlas, 1999.

HENRY, Brian. What constitutes control? **Journal of Accountancy**, v.187, n. 6. p. 39-43, jun. 1999.

HERMANSON, Roger H.; EDWARDS, James Don. **Financial accounting**. 5.ed. Boston: Irwin, 1992.

HORNGREN, Charles T.; SUNDEM, Gary L.; STRATTON, William O. **Introduction to management accounting**. 10.ed. New Jersey: Prentice-Hall, 1996.

HOYLE, J. **Advanced accounting**. New York: John W. & Sons, 1996.

INSTITUTO DOS AUDITORES INDEPENDENTES DO BRASIL. **Normas Internacionais de Contabilidade**. São Paulo: IAIB, 1998.

INTERNATIONAL ACCOUNTING STANDARDS BOARD: Disponível em: <www.iasb.org.uk/cmt/0001.asp>. Acesso em: 06 jun. 2002.

INTERNATIONAL ACCOUNTING STANDARDS COMMITTEE. **International accounting standards explained**. New York: John Wiley & Sons, 2000.

INTERNATIONAL ACCOUNTING STANDARDS COMMITTEE. **International Accounting Standards 2001**: the full text of all International Accounting Standards and SIC interpretations extant at 1 January 2001. London: IASC, 2001.

IUDÍCIBUS, Sérgio de. **Teoria da contabilidade**. 6.ed. São Paulo: Atlas, 2000.

MARTINS. MARTINS, Eliseu; GELBCKE, Ernesto Rubens. **Manual de contabilidade das sociedades por ações**. 5.ed. São Paulo: Atlas, 2000.

MARION MARION, José Carlos. **Introdução à teoria da contabilidade**. São Paulo: Atlas, 1999.

KAM, Vernom. **Accounting theory**. 2.ed. New York, Jonh Wiley & Sons, 1990.

KIESO, Donald E; WEYGANDT, Jerry J. **Intermediate accounting**. 9.ed. New York: Wiley, 1998.
KÖCHE, José C. **Fundamentos da metodologia científica**: teoria da ciência e prática da pesquisa. 15.ed. Petrópolis, RJ: Vozes, 1999.

KPMG. **Sinopse Contábil 2002**. DPP – Departamento de práticas profissionais. Responsável José Luiz R. Carvalho, 2002.

LAKATOS, Eva Maria; MARCONI, Marina de Andrade. **Metodologia científica**. 2.ed. São Paulo: Atlas, 2001.

LAKATOS, Eva Maria; MARCONI, Marina de Andrade. **Metodologia do trabalho científico**: procedimentos básicos, pesquisa bibliográfica, projeto e relatório, publicações e trabalhos científicos. 5.ed. São Paulo: Atlas, 2001.

LAKATOS, Eva Maria; MARCONI, Marina de Andrade. **Técnicas de pesquisa**: planejamento e execução de pesquisas, amostragens e técnicas de pesquisas, elaboração, análise e interpretação de dados. 4.ed. São Paulo: Atlas, 1999.

LARSEN, E. Jonh. **Modern advanced accounting**. 7.ed. New York: Irwin McGraw-Hill, 1997.

LITTLETON, A.C.; ZIMMERMAN, V.K. **Accounting theory**: continuity and change. New Jersey: Englewood Cliffs, 1962.

LOCKE, Lawrence F. **Reading and understanding research**. Thousand Oaks: Sage, 1998.

MARD, Michael J. et al. **Valuation for financial reporting**: intangible assets, goodwill, and impairment analysis, SFAS 141 and 142. New York: John Wiley & Sons, Inc., 2002.

MARTINS, Eliseu. Quais investimentos devem ser avaliados pela equivalência patrimonial? Exemplos (II). **IOB - Informações objetivas. Boletim Temática Contábil e Balanços**, São Paulo, n.35, set. 1997.

MARTINS, Gilberto de Andrade. **Manual para elaboração de monografias e dissertações**. 2.ed. São Paulo: Atlas, 1994.

MEDEIROS, João Bosco; ANDRADE, Maria Margarida de. **Manual de elaboração de referências bibliográficas**: a nova NBR 6023: 2000 da ABNT: exemplos e comentários. São Paulo: Atlas, 2001.

MOST, Kenneth S. **Accounting Theory**. Columbus: Grid, 1977.
NEVES, Silvério das; VICECONTI, Paulo Eduardo V. **Contabilidade avançada e análise das demonstrações financeiras**. 7.ed. São Paulo: Frase, 1998.

NOBES, Cristopher. **Discussion paper nº 59**: an analisys of the international development of the equity method. Séries D, v. X, 1998/1999. Disponível em: <www.rdg.ac.uk/Econ/Econ/working papers/accdp59.pdf>. Acesso em: 05. dez. 2002.

OXFORD. **Minidicionário**: Português-Inglês, Inglês-Português. New York: Oxford University Press, 1996.

PARKER, Robert; NOBES, Christopher. **Intenational accounting**. New York: Wiley, 1998.

PATON, William A. **Accounting theory**. Chicago, Illinois: Accounting Studies Press Ltd., 1962.

PEIXOTO, Cunha. **Sociedades por ações**. São Paulo: Saraiva, 1973. v. 4.

PEÑA, Enrique Fernandes. **Integración de balances**. Madrid: Aguilar S.A de Ediciones, 1961.

PINHO, Manoel Orlando de Morais. **Dicionário de termos de negócios**: português-inglês: english-portuguese. 2.ed. São Paulo: Atlas, 1997.

PRICEWATERHOUSECOOPERS: IFRS News. **Shedding light on the IASB´s activities**. issue 4, dec. 2002.

PROSSER, Elise K.; SMITH, James K. Accounting for trade dress. **Journal of Accountancy**, v. 194, n. 5, p. 61-64, nov. 2002.

RADEBAUGH, Lee H.; GRAY, Sidney J. **International accounting and multinational enterprises**. New York: Jonh Wiley & Sons, 1997.

SANTOS, José Luiz dos; SCHMIDT, Paulo. **Contabilidade societária**: atualizado pela Lei 10.303/01. São Paulo: Atlas, 2002.

SANTOS, José Luiz dos; SCHMIDT, Paulo. **Goodwill adquirido**: estudo comparativo do tratamento contábil entre as normas brasileiras, norte-americanas e internacionais. 2002. Dissertação (Mestrado) –UNISINOS, São Leopoldo, 2002.

SCHMIDT, Paulo. **História do pensamento contábil**. Porto Alegre: Boockman, 2000.

SCHMIDT, Paulo; SANTOS, José Luiz dos. **Avaliação de ativos intangíveis**. São Paulo: Atlas, 2002.

SIC. **SIC 33**. Consolidation and equity method – potential voting rights and allocation of ownership interests. Emitido em agosto de 2001.

SIEGEL, Joel G; SHIM, Jae K. **Dictionary of accounting terms**. New York: Barron´s Educational Series, Inc., 1987.

SOLOMONS, David. The FASB's conceptual framework: an evaluation. **Journal of Accountancy**, american institute of cpas, jun. 1986.

STANDERSKI, Wlademiro. **Consolidação de balanços de empresas nacionais e multinacionais**. São Paulo: Biblioteca Pioneira de Administração e Negócios, 1976.

STICKNEY, Clyde P.; WEIL, Roman L. **Financial accounting**: an introduction to concepts, methods, and uses. 8.ed. New York: Harcourt Brace College Publishers, 1997.

TEIXEIRA, Maria José. **Consolidação das demonstrações financeiras**: uma visão: nacional e internacional. 1999. Dissertação (Mestrado em Ciências Financeiras e Contábeis) – Faculdade de Ciências Contábeis e Atuariais, Pontifícia Universidade Católica de São Paulo, 1999.

TRUJILLO, Alfonso Ferrari. **Metodologia da ciência**. 3.ed. Rio de Janeiro: Kennedy, 1974.

VERGARA, Sylvia Constant. **Projetos e relatórios de pesquisa em administração**. 3.ed. São Paulo: Atlas, 2000.

WALGENBACH, Paul; HANSON, Ernest; DITTRICH, Norman. **Principles of accounting**. New York: Harcourt Brace Jovanovich,1987.

WILLIAMS, Jan. **Miller GAAP Guide**. New York: Harcourt Professional Publishing, 2000.

WHITE, Gerald I; SUNDHI, Ashwin P.C; FRIED, Dov. **The analysis and use of financial statements**. 2.ed. New York: Wiley, 1998.